「食」の図書館

スープの歴史

SOUP: A GLOBAL HISTORY

JANET CLARKSON
ジャネット・クラークソン【著】
富永佐知子【訳】

原書房

目次

［……］は翻訳者による注記である。

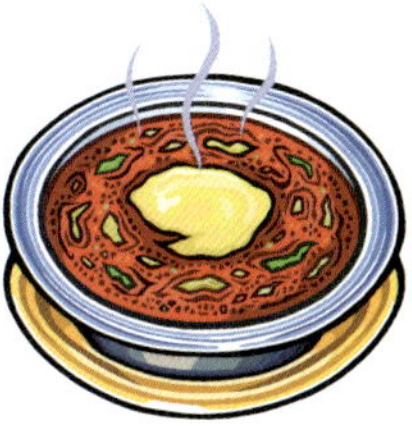

序章◉スープとはなんだろう?

質素だろうと美食だろうと、スープもパンもなければ、よい食事とはいえない。
――M・F・K・フィッシャー

スープの歴史についての本を書こうと決めてから2分後、わたしは軽い不安に襲われた。とにかくスープが好きという、ただそれだけの理由で思い立ったことだからだ。これが有名シェフであれば、スープ好きが高じて料理書を出してもおかしくはないだろう。しかし、わたしは有名シェフではない。もとより、この本を料理書にするつもりもない（いくつかレシピは載せるのでご安心いただきたいが）。では、なんのためにスープの本など書くのか。

どのような食物にも、それに特化した本を読みたいと思わせるだけの要素が少しはあるはずだ――。そう考えて、はっとした。この点で、スープはいかにも押しが弱い。そもそもスープは、チョコレートほどセクシーではなく、トリュフのように法外な値段の贅沢食材でもない。フラミンゴ

大鍋を用いた野外での調理。バルトロメオ・スカッピ『オペラ *Opera*』（1570年）より。

の舌のような伝説の珍味でもなければ、カップケーキほど愛らしくもない。フォーチュンクッキーの楽しさも、ホットドッグの気軽さもない。牡蠣のように性欲をかきたてるわけでもなく、フグほどのスリルや危険もない。ゴキブリほどの嫌悪感はなく、フォアグラほど残酷でもなく、ズアオホオジロのような禁猟鳥でもない。

スープがどんなものか見当もつかないという人は、世界中どこにもいない。どこにでもある身近な料理だということが災いし、スープの本を書いても、退屈なものとなってしまいそうだ。

そこまで考え、わたしは再度はっとした。この普遍性こそがスープの売りなのだ。

パンも塊《かたまり》肉のローストも食べない文化は数多くある。海から遠くて魚とは無縁の文化や、ファストフード店が存在せずチキンナゲットとは無縁の文化も少なくない。だが、汁物料理はどの文化にも昔からある。まさにスープ万歳といったところか。スープだけが真に世界的な料理といえよう。その種類は千差万別とはいえ、とにかく、汁気の多い煮込み料理であることに変わりはない。そして、この煮汁こそがスープの何よりも重要な要素である。

スープのもうひとつの長所は、何を入れてもよく、どのような状況にも応じられるという点だ。ピクルスの漬け汁から真珠に至るまで、世界中すべての食材（食用に適さないものも含む）が使えるうえ、あらゆる行事や経済事情、社会情勢、宗教上の戒律、そしてひとりひとりの味覚にまで対応可能な料理など、スープのほかにはないだろう。

16世紀イタリアの厨房で用いられた巨大な鍋。スカッピ『オペラ』より。

◉スープの語源

今で言う「スープ」は、歴史上、さまざまな名称で呼びならわされてきた。「ブロス」がはじめて文献に登場したのは西暦1000年頃だ。現代のブロスは澄んだスープだが、中世で一般的だったブロスには濃いとろみがついていたと、当時のレシピから推測できる。しかし15世紀には、濃いスープは通常「ポタージュ potage」と呼ばれるようになっており、「さまざまなポタージュ」を紹介する写本もある。ポタージュの語源は「鍋に入れられるもの」を意味するフランス語で、鍋で煮たスープ全般がその名で呼ばれていた（卵のポタージュなど）。

イギリスでは17世紀半ばまで、ポタージュといえば通常、豪華な「取り合わせ料理」のことだった。たとえば、鶏を一羽まるごと煮汁ごと器に盛り、そのまわりに何種類もの珍味や付け合わせを並べたような料理だ。この煮汁も、当時すでにポタージュを定義するうえで欠かせないものとなっていた。『フランス語宝典 *Tresor de la langue française*』（1606年）のポタージュの項目には「肉や野菜を鍋で煮たあとの煮汁」と記述されている。

もっとも、最初期のポタージュは、ひとつの鍋で煮た主食を家族全員で分け合うという鍋料理だった。穀物やマメ類をたっぷりの水で煮た料理で、運がよければ濃い粥となり、さらに運がよければあり合わせの野菜も入る。名称と見た目がポリッジ［porridge 穀物の粥］に似ているのは、元々同じものだったからだ。事実、『オックスフォード英語辞典』のポリッジの項目には、「ポタージュの異形」と簡潔に記されている。

ただし、「ポレー」の影響で名称が混乱した可能性もあるという。同辞典によれば、ポレー（porray）とは、ポロネギかマメを材料とする中世のスープ（ポリッジ、ポタージュ）の一種で、ポロネギ（フランス語ではポワロー）もしくはマメ（ポワ）のいずれかが語源である。ポレーの語源がはっきりしないため、スープの名称もさらに混乱した。奇しくもポレーは「ピューレ（purée）」と響きが近い。同辞典では、古フランス語のピューレは特にマメスープを指す言葉であり、ポレーとピューレはほとんど区別できないとしている。

「ポタージュ」と同じ頃、フランス語にはスープを意味する「ソップ（sop）」もあった。これは本来、煮汁をぬぐうために用いられたパンのことで、ラテン語の動詞「スッパーレ（suppare ひたす）」が語源だ。先述の『フランス語宝典』（１６０６年）では、スープのことを「肉の煮汁に添えるパン」と明記している。パンを煮汁にひたすのは、なにかと好都合だった。古くて硬いパンが柔らかくなるうえ、おいしい煮汁を一滴も無駄にせずにすむ。スプーンいらずで、歯がない人でも病人でも食べやすい。さらに、一日の終わりの軽い食事にも適している。「ソップ」の意味合いが広がっていくのと同時に、これを語源とする英語「サップ sup［軽食を供する］」「サパー supper［夕食］」「スープ soup」も生まれた。そして、ついにスープは煮汁そのものを指すようになった。

数世紀にわたり、英語の料理書ではポタージュとスープ、双方の単語が用いられていたが、17世紀に入るとポタージュからスープへの転換が始まった。ちょうどその頃イギリスの上流社会では、フランスの風物全般は粋で洗練されていると思う人が多くなり、同時に、人々の口に入るスープの種類が爆発的に増えた（主要な材料を特記して「○○のスープ」と称するようになった）。スープにまつわる言葉も増える一方だった。それでも17世紀の英語の料理書には、ポタージュとスープというふたつの単語が、はっきりと区別せずに使われている。そして皮肉にも、スープが「ポタージュを意味するフランス語」なのか、それともポタージュが「スープを意味するフランス語」なのか、わからなくなってしまうこともあった。

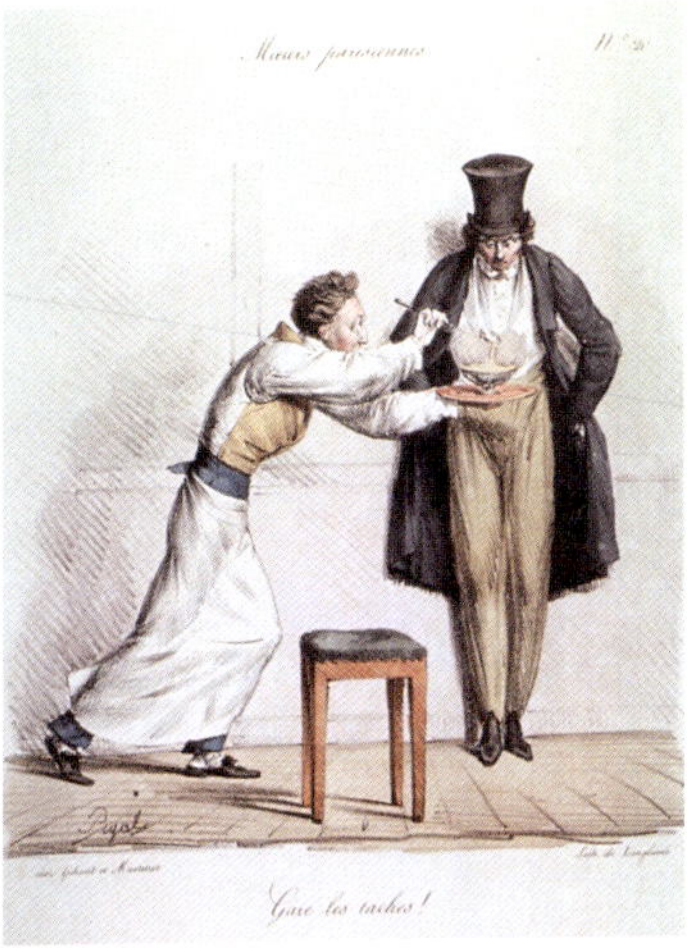

エドム・ジャン・ピガール（1789～1872）「パリ市民の作法――口ひげにご注意！」（1828年）

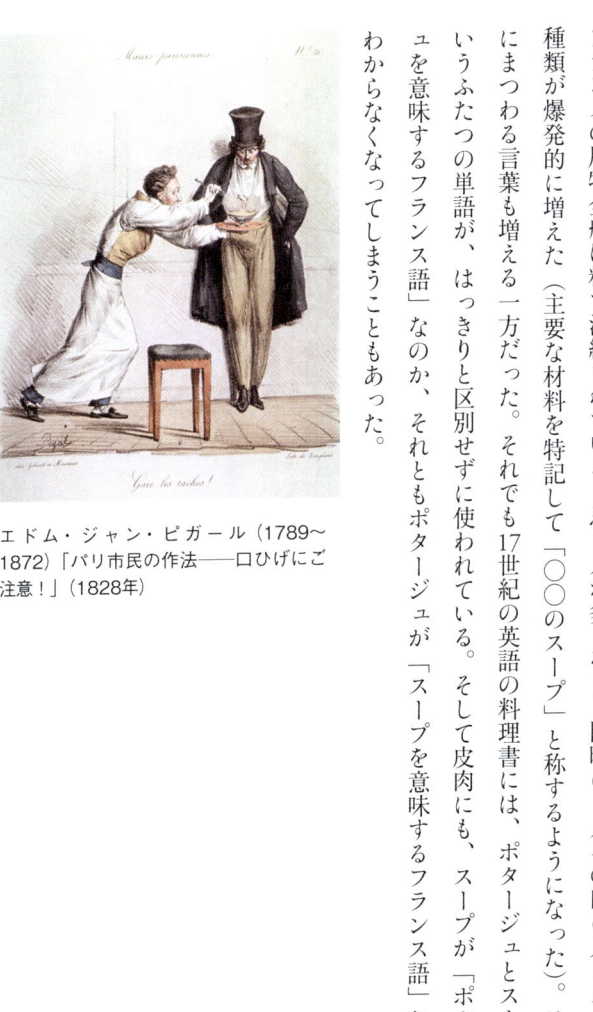

スープ皿の盛りつけの図解[皿の中央に「スープの付け合わせはこのように置きましょう」と記されている]。ジョン・サッカー『料理の技法 *The Art of Cookery*』(1758) より。

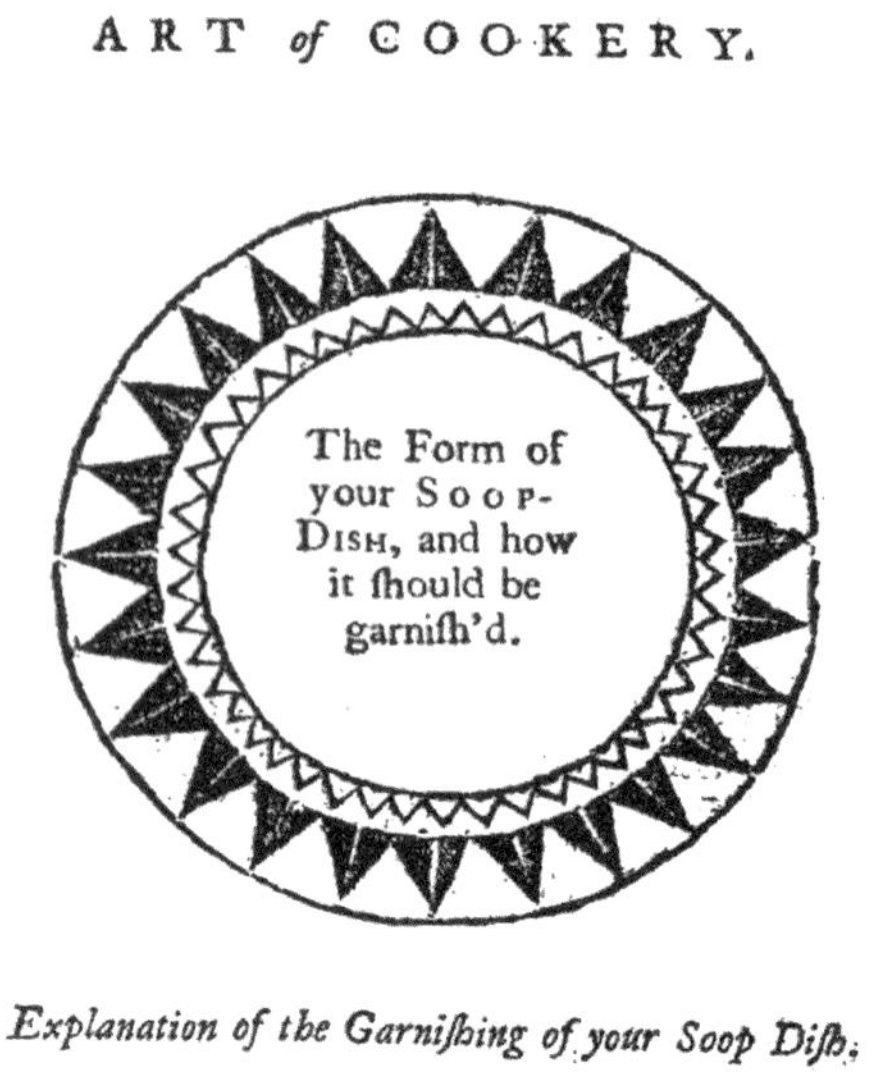

だが結局、ポタージュのほうがフランス起源で、いかにもフランスらしいとする考えが優勢になり、混乱が解消した。そして例によって、フランスかぶれの気取った料理だという含みを持たせてスープを「ポタージュ」と呼ぶ習慣が今日まで続いている。もちろん、歴史にうるさく母国語が一番と考えるフランス人はまったく混乱しなかった。今なおフランスで「スープ」といえば、昔ながらのパン入り汁物料理を指す。

ブロス(肉を煮たあとの煮汁)とグルーエル(穀物主体のポタージュ)は昔から存在したが、17世紀から18世紀にかけて、ブイヨンやコンソメ、ブリューズ[肉の煮汁にひたしたパン]、クーリ[果物や野菜のピューレ]、ビスク、バーグー[肉と野菜のシチュー]、スキンク[牛すね肉のスープ]、パナード[パン粥]なども、スープの一種として文献に登場するようになった（ほかにも見落としたものがあるかもしれない）。

また、スプーンミート［幼児・病人用の流動食］やキャセロール（1702年の料理書には「キャセロール・ポタージュ」のレシピが載っている）、オジャ（スペインの鍋料理）のほか、あらゆる種類のシチュー、フリカッセ［肉のホワイトソース煮］、ラグー、そしてソースまでもがスープの仲間に加わり、区別が難しくなった（グレービー［肉汁ソース］とスープは、ことのほか区別しにくい）。フランソワ・マシアロの料理書『宮廷とブルジョワジーの料理 *Cuisinier roial et bourgeois*』（1691年）の目次には、「他の種類のポタージュについては、ビスク、キャセロール、ジュリアン、エーユ（オリオ）の項を参照」と記されている。

◉スープの分類

『千のシンプルなスープ *One Thousand Simple Soups*』（1907年）における記述「スープはハッシュと同様に分類が難しい。歯や入れ歯で食べ慣れているもののうち、ほとんどすべてが材料として使えるからだ」に異を唱えるのは、並大抵のことではない。それでも人間は、把握しがたいほど厖大な種類の食物さえも、のみこみやすく分類せずにはいられない。スープを分類する衝動に駆られた著述家も少なくなかった。

ウェイン・シーボード「クリームスープ」(1963年。油彩・キャンバス)

最も単純な分類は、濃いスープと薄い(澄んだ)スープに二分することだが、ディナーでいずれかのスープを出す習慣のあった19世紀でさえ、この分類はたいして役に立たなかった。たとえば、アメリカの著述家セオドア・チャイルド(1846～1892)は『美味なる宴 *Delicate Feasting*』で次のように不満を述べている。

背後に立った英国系の給仕係から「濃いスープと澄んだスープのどちらになさいますか?」などと粗略な説明を受けると、わたしは彼の頭の鈍さと大雑把な区別にがっくりしてしまう。それではきくが、この世にはふたつのスープしかないのか? いかなる種類の濃いスープだ？　いかなる種類の澄んだスープだ？

　多くの専門書は、この「大雑把な区別」を出発点にしている。たとえば『ラルース美食百科事典 *Larousse Gastronomique*』（1961年）は、澄んだスープ（ブロス、ブイヨン、コンソメなど）を付け合わせの有無や、温製か冷製かによって細分し、濃いスープをクリーム系、ピューレ系、ヴルーテ［ルーをブイヨンでのばしたもの］系に区分している。また、古典的なスープやフランス各地のスープ、世界のスープとブロスについての項目もある。

　理由は不明（少なくともわたしにとっては）だが、魚介のスープの名称は多岐にわたる。例によって個々の名称の適用範囲はかなりあいまいだが、ひととおり挙げてみると、チャウダー（通常は濃くクリーミー）、マトロート（ウナギをはじめとする魚のワイン煮）、ビスク（甲殻類のクリーミーなスープ）、チョッピーノ（数種の魚と甲殻類、トマト、および白ワイン）などがある。また、ブイヤベースは特に有名だが、正統的なレシピをめぐって議論の絶えないスープだ（一般的には、白ワイン、ニンニク、トマト、サフランのいずれか、もしくはすべてを使ったプロヴァンス地方の魚介スープと認識されている）。

　これほど歴史的・言語学的・文化的に多様な料理であるスープなのだから、本にするだけの特徴に乏しいのではないかと不安になる必要はあるまい。むしろ気にかかるのは、どうやってこのテー

ブイヤベース。フランス南部プロヴァンス地方の名物の魚介スープ。

マを手なずけるかということになる。

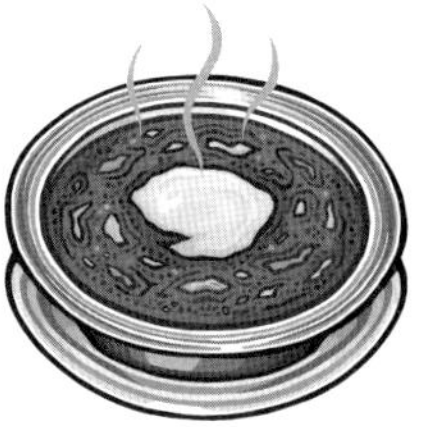

第1章◉古代のスープ

わたしは人間を「調理する動物」と定義する。動物は多少なりとも記憶力と判断力を有し、人間と同じ機能と情熱のすべてを持ち合わせている。だが、料理はしない。
——サミュエル・ジョンソン（1709〜1784）

「人間」と「動物」の違いを読みとろうとする試みは昔から数多くあるが、サミュエル・ジョンソンの定義は、とりわけ重要であり続けてきた（そして美食家や食通に人気がある）。人間が「調理する動物」の称号を得るのは、そう簡単ではなかった。「原始スープ」から生まれた地球最初の生命が原始人に進化するまで数十億年もかかったが、人類が調理を学ぶには、さらに数百万年を要した。その前に別の技術を身につける必要があったからだ。

調理をするには、まず火を扱えなくてはいけない。人類が火を使いはじめたのは、おそらく50万年前、自然火災の火を持ち帰って保存したのが始まりで、当初は暖を取るのが目的だったと思われ

15世紀初期の厨房。最初に印刷されたドイツの料理書（1485年）の口絵。彩色木版。

バイユーのタペストリーの一部。大鍋（動物の皮か？）を使った調理の様子。

る。人類初の加熱料理は、肉を火であぶった「ロースト」だろう。この調理法は間違いなく、狩りの獲物の肉をうっかり火のなかに落としたときや、自然火災の跡地で香ばしく焼けた動物の死骸を見つけたときなどに、たまたま習得したものだ。これだけおいしいものが食べられるとなれば、偶然の発見から多くを学んだとしてもおかしくはない。

しかし、火の扱いを覚えた人類が、いつから意図的に肉を火にくべて調理するようになったのかは不明だ。それでも約10万年前には、旧人であるネアンデルタール人が、まぎれもないロースト調理をひんぱんにおこなっていたと判明している。ついに人類は、真の意味で「調理する動物」となった。とはいえ、スープを作るのはまだ先の話だ。それにはもうひとつの進化が必要だった。

ゆでることは、偶然に習得できるような調理法ではない。ゆでるための容器が必要だからだ。その問題さえ克服すれば、栄養面でも料理の面でも可能性が大きく広がる。食物をゆでるのは、焼くときほど高温でなくてもよいため、はるかに少ない燃料ですむ。また、栄養面でもプラスの効果がある。ゆでることによって食べられるものの種類が増える（加熱しなければ摂取・吸収できない食材もある）だけでなく、栄養価が高まる場合もあるからだ。肉に寄生虫が潜んでいても、加熱すれば死ぬ。何より重要なのは、ゆで汁は貴重でおいしい肉汁を逃さないという点だ。肉を火にくべるだけでは、肉汁が火のなかに流れ落ちてしまう。だが、ゆで汁には肉汁がそのまま残るため、それ自体、ちゃんとした食材として使える。

ゆでることで食材の味そのものも変わる。「調理する動物」である人類が、このことにすぐ気づかなかったとは考えにくい。ぎりぎりの食糧事情でないかぎり、人類はこの知識を創作意欲に結びつけ、おいしそうな材料の組み合わせを探りはじめたに違いない。

◉鍋がない時代のポタージュ

ポタージュの語源は「鍋に入れられるもの」であると序章で述べたが、実のところ、人類が食物をゆでること（ひいてはスープを作ること）を学んだのは、鍋を作るより何千年も前だった。食物に火を通す方法は多岐にわたり、世界中のさまざまな文化において、似たような考え方や手法がそれぞれ独立して発達したと思われる。

調理に用いられた最初の「容器」は、地面に掘った穴である。アメリカ先住民やオーストラリア先住民のように、地理的に広範囲に及ぶ文化では、穴を用いた調理法が発達した。地面に掘った穴に大きな石をいくつも入れ、その上で火を起こす。火が燃え尽きたら灰をかきだし、穴に食物を入れて土で埋める（内部の食物を保温する）。こうすれば、食物は石の余熱で完璧に調理されるのだ。ある時期、人類は、もっと多くの石や草や動物の皮を底に敷きつめれば、穴から水がしみださなくなると気づいた。さらに、すぐそばで石を焼き、熱くなった石を水の入った穴に入れるという間接的だが実に効率のよい方法により、穴ゆで（石ゆで）調理法ができあがった。

穴のほかにも、人類はさまざまな天然の容器で食物をゆでた。たとえば、樹皮や竹筒、甲殻類の殻、亀の甲羅などだ。また、鍋ではなく、別の容器を作って用いた時代もある。定住集落では、巨大な岩を苦労の末にくり抜いて固定式の大鍋とした。そこに水と熱した石を入れて、食物をゆでたのだ。もっと一般的なのは籠《かご》である。籠も、実際に調理に用いることができた。水を入れた籠を使うと、火の上に吊るしても濡れているおかげで燃えないうえ、食物が薪に接してしまうこともない。

何よりも注目すべきは、動物の皮や胃が調理袋として用いられたことだ。この調理法も、世界各

動物の皮を使って加熱する。ジョン・デリック著『アイルランドの光景 *The Image of Irelande*』（ロンドン、1581年）より。

地でそれぞれ独立して発達したと考えられる。紀元前5世紀に歴史書を著したギリシアの歴史家ヘロドトスは、古代スキタイ人による生贄《いけにえ》の動物の調理について次のように記述している。

> 手元に大鍋がない場合は、生贄の胃袋にすべての肉を入れて水を注ぎ、その下で骨を燃やす。骨はよく燃える。胃袋は、骨からそぎとった肉をたっぷり入れられる。かくして牛は、みずからを調理する……。

北米の先住民は、バッファローの胃を同じように用いる（そして再利用する）ことで知られていた。この調理法は、結局のところ、ハギス［羊や子牛の内臓を胃袋に入れて煮込んだスコットランド料理］の基本的な作り方とそう変わらない。モンゴルの伝統料理ホルホ

テオドオール・デ・ブリー「大鍋でスープを煮るアメリカ先住民」1590年。エングレービング（銅版画の一種）。

16世紀のレードルの数々。スカッピ著『オペラ』より。

グは、今日ではアルミ缶で調理するが、かつては違った。ヤギの頭を切り落とし、首の断面から骨や肉、内臓を抜いて皮だけにする。この皮袋にきざんだ肉と高温に熱した石を入れていたのだ。

皮を鍋として使う調理法には、さまざまな利点がある（野外での調理に向いているという点など）。そのため、もっと長持ちする容器が作られてからも、すぐには廃《すた》れなかった。この調理法が1581年のアイルランドで用いられていたことを示す有名な木版画もある（26ページ）。だが、料理史における数々の出来事が厳密にどのような順番で起きたのかははっきりしない。動物の皮を用いた調理法は、皮で容器を作ったあとに考えだされたものなのか？ それとも逆なのか？ 古代人は狩りで捕らえた獲物の胃を開き、部分的に消化された内容物を好んで食べていた。動物の胃を調理用具として用いる考えは、ここから生じたのだろうか？

調理や食事に天然の道具を用いた古代の風習は、スプーンを指す多くの単語の語源からもうかがえる。英単語「スプーン」の語源は、木を削いだものや切れ端を意味するアングロ・サクソン語「スポン」だ。スプーンのことを現代ギリシア語では「クターリ」といい、ラテン語では「コクレアレ」といった。これらはどちらも、本来は巻き貝の殻の螺旋形を指す言葉である（巻き貝やカタツムリの殻から身を取りだす道具だったことや、貝殻がスプーンとして用いられたことに由来する）。ラテン語から派生した数々の言語においても、スプーンを指す言葉の語源ははっきりしている。たとえばフランス語「キュイエール」やスペイン語「クチャーラ」、イタリア語「クッキアイオ」の語源は、いずれも巻き貝やカタツムリだ。

そしてようやく話は鍋に行きつく。粘土を焼く技術は、おそらく最初は小像（宗教上のものだったと思われる）を作るために用いられた。続いて、その技術は平タイルに応用された。やがて貯蔵用の容器（紀元前1万年頃）が作られ、ついには調理用の土鍋も誕生した。そして人類が金属加工の技術を身につけたとき、スープの調理道具は次の段階へと発展した。まず、紀元前4千年紀［紀元前4000年～3001年］頃に青銅の加工が、続いて紀元前2千年紀後期に鉄の加工が始まった。耐久性と熱伝導性にすぐれた容器の誕生により、すべての火床にはたいてい「スープ」の鍋が置かれるようになったのである――もうスープの発展に向けての創作意欲を阻むものは何もない。

◉スープの元祖

少なくとも数千年にわたり、地球上のほぼすべての食文化には、その核となるデンプン質の主食があった。それがマメでも穀物でも、主食は液体状（グルーエル、ポリッジ、スープなど）もしくは乾燥した形状（パンやハースケーキ［窯で焼いた素朴なケーキ］）のいずれかに調理される。そして、両者の中間に位置するのが炊いた米だ。ごく最近まで――先進国でさえ――どの家にもオーブンがあるわけではなかった。暖房用の火で調理した液体状の鍋料理が、すべての文化において食事の要

食卓に向かう農民の一家（フランス、1935年頃）

であったのは間違いない。

主要穀物が主体のポリッジのほか、青野菜（ハーブ）主体のスープもあり、こちらは特に薬用として昔から重視されていた。当然ながらポリッジとスープは部分的に重なり合っていたうえ、栄養面・薬用面のため、そしておそらくは風味づけのために、いつものポタージュに香味野菜が加えられることも多かった。また、肉や卵、果物、ワインが手近にあり、しかも安価であれば、こくを出すため定番料理に混ぜこんだ。その結果、さらりとした肉のブロスからシャルジャン（ぼってりと重い食感）まで、濃度のさまざまな定番料理が作られた。

この単純な発想が元となり、串焼きやオーブン焼き以外の現代の調理法が発展した。鍋の中身は、スープやシチュー、フリカッセ、ラグー、そしてプディング（布袋に穀物を詰めてゆでた非常に濃いグルーエル）に至るまで、ありとあらゆる料理となった。

◉影響と順応

人類は昔から、食物や配偶者、力、冒険、知恵、平和、仕事、そのほか人生における重要なものを求め、大小さまざまな集団で放浪の旅を続けてきた。自分の意志で旅立つこともあれば、無理やり移動させられる場合もあった。こういった旅の過程で、人類は慣れ親しんだ食習慣をよその場所に持ちこみ、必要があれば異なる材料や状況に順応させた。同時に、以前からそこで暮らしていた住民の味覚にも影響を及ぼした。旅から戻るときは、新たな経験も故郷に持ち帰ることになる。たとえば十字軍の兵士たちは、めずらしい香辛料の味を覚えて、謎に満ちた東洋から帰ってきた。

こうした混合と融合からまったく新しい料理が生まれることもある。もしも、クレオール料理〔米国ルイジアナ州ニューオーリンズを中心とする料理スタイル。フランス、スペイン、フランス領アンティル、西アフリカ、南北アメリカの食文化の影響が混交されており、イタリア料理の特徴も備えている〕やアングロ・インディアン料理〔イギリスの伝統料理とインド料理が融合したもの〕、ペンシルベニア・ダッチ料理〔米国ペンシルベニア州東部に移住したドイツ人の子孫に伝わる料理〕がなかったら、世界はどうなってしまうだろう？

また、食文化が混ざり合って新たな料理が生まれたというのは、スープにとってもまぎれもない吉報だった。ガンボ〔オクラのスープ。クレオール料理の名物〕やマルガトーニ〔クリームの入ったチキンカレースープ。アングロ・インディアン料理〕やリヴェル〔小麦粉の小さな団子〕入りチキンコーン〔ペンシルベニア・ダッチ料理〕のないスープ世界など、いまや誰にも想像できまい。

◉時を越えての小さな旅

かなり昔から、貧しい農民は毎食ポタージュもしくはポリッジという「水っぽい粗食」ばかり食べていたと思われる。その一方で、裕福な人々は格調高く洗練された料理を何種類も選び放題だった。その証拠が、最初期の料理書の写本に残っている。料理の世界ではまったく新奇なものなどほとんど存在しないということが、古いレシピを見るとよくわかる。現代人には斬新で革新的としか言いようのない材料を組み合わせたレシピも多く、再発見される日を待ち望んでいることだろう。

古代ローマの美食に関する写本を4世紀あるいは5世紀に編纂したレシピ集『アキピウスの料理帖 *De re coquinaria*』には、すでに何種類もの「スープ」があったと記されている。レタスのピューレにブロスとワインを加え、コショウをきかせて卵でとろみをつけたスープもあれば、マメや大麦のスープもあった。ティザン（元々は大麦を煮つめて抽出した薬用の飲みもの）も2種類ある。

2番目に紹介されているティザンはたいへん美味で、食べごたえもあったらしい。その材料は、ブロス、ヒヨコマメ、レンズマメ、そのほか数種のマメ類、つぶした大麦、青野菜、ポロネギ、キャベツ、コリアンダー、ディル、フェンネルの種子、オレガノ、ラビジ［セリ科のハーブ］、マロウ［ゼニオアオイ科のハーブ］、シルフィウム（フェンネルやアサフェティダ［セリ科のハーブ］に近い種類で樹脂分の多い植物。ローマ人に非常に好まれたものの、現在は絶滅）である。

イングランドで最古の料理書は、国王リチャード2世の料理長によって1390年頃に書かれた『料理集 *Forme of Cury*』だ。これにはスープに似た料理のレシピが数多く含まれている。四旬節［3月あるいは4月の復活祭の前に断食・懺悔をおこなう期間］向けのアーモンドミルク入り料理もいくつかあり、「ブロス」と名づけられたものも多い。ネズミイルカのブロスやノロジカのブロスのほか、「睾丸《こうがん》ブロス」という、まことに興味深い名称の魚のスープも2種類ある。以下に挙げるレシピ「澄んだブロスで煮たウサギ」はこの本からの引用だが、ウサギのスープあるいはウサギのシチューとして現在のメニューに載せても不都合はないだろう。

ウサギ肉をぶつ切りにして、きれいな水とワインで洗う。弱火で煮て皮をはがす。その後、沸騰させたのちに骨から肉をはずし（骨は捨てる）、ブロスと一緒に鍋に戻す。酢と大量の甘いスパイスもしくはショウガを加える。蓋をして沸騰させ、塩を加えて供する。

ドイツ語で書かれた最古の料理書『よき料理の書 *Ein Buch von gutter spise*』（1345年頃）には、ビールとキャラウェイの種子の入ったマメの「スープ」や、アーモンドミルクと米の入ったポロネギのピューレ、ハーブで香りづけをしてスミレの花で着色したニンジンとアーモンドミルクのピューレのほか、ニンニクやサフラン、新鮮な牛乳と卵黄入りブロスで煮込んだガチョウのスープも載

ジャン＝バティスト・シメオン・シャルダン「銀の料理鉢」（1728年。油彩。キャンバス）

っている。15世紀初期のフランス語の本『調理について *Du fait de Cuisine*』にはポタージュと「ソップ」のレシピが数多く記載されており、「アルメーン（ドイツ）のブリュエ」や「サヴォイのブリュエ」など、地方の料理もいくつか載っている。

別の文化圏にも目を転じてみよう。以下に挙げるレシピは13世紀のアンダルシアの写本から抜粋したものだが、スペインにおけるアラブの伝統の影響がきわめて明白に見てとれる。

◎アル・ガッサーニのタルダ

脂身の多い肉を切って大きな鍋に入れる。コリアンダーの種子と葉、きざんだ玉ネギ、キャラウェイ、コショウ、水にひたしておいたヒヨコマメ、全卵3個を加える。肉が全部かぶる程度まで鍋に水を入れ、塩を加えて煮る。

肉に火が通ったら、火を弱めて2ディルハム［現在の2ディルハムは6キログラム強だが、13世紀とは重量単位が異なる可能性もある］のサフランを入れる。煮汁に色がついたら、肉がひたる程度の量を残して取り分ける。肉はサフランと一緒に煮込み、火から下ろす。

取り分けておいた煮汁は濾してから別鍋に入れ、煮汁の3倍量の蜂蜜を加えて火にかけ、3回沸騰させる。上等の白パンを砕いて細かくふるい、煮汁を覆う程度に入れて、脂とコショウを加える。

煮汁にひたしたパンを大皿に入れ、煮込んだ肉を盛って供する。神のおぼしめしがありますように。


17世紀ヨーロッパでは調理技法がおおいに発展した。交易の広がりに合わせて農業と園芸の知識も広がり、各地で実践されるようになった。さらに、野菜が普及しはじめ、「新鮮な果物は病気を引き起こす」という噂が徐々に消え、砂糖が安価になり、米も入手しやすくなった。

長年にわたりヨーロッパに亡命していたチャールズ2世が1660年にイングランド王に復位すると、フランスの風物の人気が高まった。また、料理書の出版も大ブームとなった。女性の教育と役割が変化し、洗練された食物への興味がつのったためだろう。

旅行家・著述家トマス・コリアットが1608年にイングランドに持ち帰ったフォークは、当初、イタリア気取りで見苦しいとみなされていた。だが17世紀が進むにつれて、フォークも徐々に普及した。これがあれば、料理をテーブルに出す前に、スプーンで食べられるよう切り分けておかなくてもよい。こうして、食物の固形部分と液体部分とが、それぞれ独立した料理となる道が開けたのだ。

17世紀後半の料理書の著者たちは、披露できるレシピの幅が広がり、大喜びしたようだ。当時の最も有名な料理書のひとつが、ロバート・メイ著『料理名人 *The Accomplisht Cook*』（1660年）である。レシピの約2割は、ポタージュや「スープ」や「さまざまなビスク」などに充てられている。「ロンドンとウェストミンスターで評判の料理人たち」が1674年に出版した別の料理書にはまるで目次のようなタイトルがついているが、ここでもスープの重要性が明らかに示されている。

この料理書『イングランドとフランスの料理人――全種類の肉と魚と鳥の下準備ならびに最良かつ最新のボイル、ベイク、シチュー、ロースト、ブロイル、フリガッシェ、フライド、ソースあえ、マリネ、ピクルスの調理法。料理にふさわしいソース、付け合わせ。イングランドとフランスのいずれにおいても用いられ、定評のあるスープとポタージュ全種類』には、実際、「イングランドとフランスとイタリアにおけるすべての様式の肉および魚のポタージュ」としてたくさんのレシピが紹介されている。なかには、「四旬節のためのさまざまなポタージュ」と「四旬節中の断食日のた

2コースの料理のためのテーブル・セッティングの図。チャールズ・カーター『ロンドンと地方の料理人 *The London and Country Cook*』(1749年)より。第1のコース(左)では、スープを「食べ終わったあとに」魚料理を出す、と記述してある。

めのポタージュ」まで記載されている。

18世紀に入っても料理の給仕法は中世と同じままだったが、スープの役割と位置づけには微妙な変化が起こりはじめた。この時代の料理は通常2コース仕立てで、それぞれのコースは甘い料理とからい料理の両方で組み立てられていた。各コースの料理は全部一度にテーブルに出され、厳密に左右対称に、そして序列にしたがって配置される。第1のコース料理を食べ終えると、召使いがテーブルをきれいに片づけたうえで、改めて第2のコース料理を並べる。スープやポタージュは通常、第1のコ

立派な口ひげを汚さないようスプーンでスープを食べるヴィクトリア朝の紳士。

ースで出された。はじめにスープを食べたあとで「皿を片づけ」、より重い料理を第1コースの残りとして出す場合がほとんどだった。

19世紀初期、「ロシア式サービス」がヨーロッパに導入され、ディナーの給仕法として新たに流行した。これは現在も一般的な、料理が1皿ずつ順番に出てくるスタイルだ。スープは間もなく現在と同じ位置を占め、フルコースの最初の料理となった。液体状の食物は消化しやすく、食事の始まりに最適だと考えられたためだろう。

西洋において、スープはたんに最初の料理というだけではない。夜食など、軽い食事を1品ですませるような場合にも、スープを食べることが多いはずだ。コース料理の途中で唐突にスープが出ることはない。また、朝食にスープが出ることは絶対にない。だが東洋では、これから見ていくとおり、スープについての考え方がまったく異なるのだ。

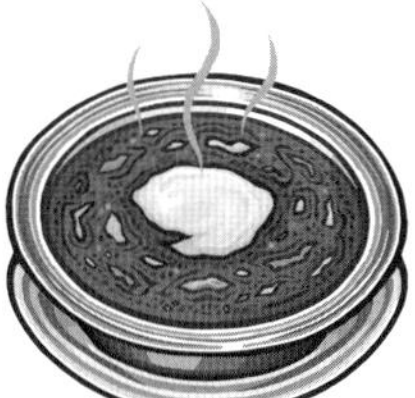

第2章◉薬としてのスープ

あるユダヤ人の女は2羽の鶏を飼っていた。1羽が病気になったので、女は鶏が元気になるよう、もう1羽からチキンスープを作った。

――ヘニー・ヤングマン(1906〜1998)

その昔、「レストラン」という言葉はスープを意味した。「スープを食べに行く店」ではなく、スープそのものである。この事実は、スープと薬の強い結びつきを示している。始まりは、今から2世紀あまり前のパリ。革命前のパリの食料品店は多くの法律で厳しく規制されていたうえ、縄張り争いも日常茶飯事だった。そんななか、一部の店は考えた。体調のすぐれない富裕層(今で言う「健康だが病気を心配する人々」)の好みに応じれば、うまく隙間市場に食いこめるうえ、いくらか規制もかわせるのではないか? そこで、消化しやすく食欲をそそる軽い料理「レストラン」を売りだした。「レストラン」はスープに限らず、卵料理やさまざまな「クリーム」、ジャム など、口当た

ジョルジュ・ムーニエ、ビーフコンソメを給仕する女のポスター（1895年）

アンヌ・ヴァライエ＝コステル「白いスープ鉢」（1771年、油彩、キャンバス）

りの柔らかい料理もあった。だがスープは特によく健康を「回復させる（フランス語でrestaurer）」料理だと考えられていた。

1904年版『アカデミー・フランセーズ辞典』の「レストラン」の項目には、「回復させ、力を与える食事」、特に「濃いコンソメ、肉のエキス」とある。「転じて、回復させる食事を出す店」という新たな定義が同辞典に加えられたのは1832～35年のことだ。

「回復させる食事を出す店」は、ほどなく流行の場所となり、アンシャン・レジーム［革命以前の旧体制］の残照のなか次々と現れた。客が途切れることがなかったのは、たとえ自分の胃腸や肺が弱かろうと、無骨な農民とは人種がちがうからだと思う人が多かったからだ。それに、自宅におおぜいの料理人がいて、ちょっとしたブイヨンをすぐに作ってもらえるとしても、家のベッドで寝たきりでは虚弱な貴人としての評判を保てないし、第一おもしろくないではないか……。

◉癒やしの料理、スープ

スープが「回復」や安らぎ、癒やしと昔から深く結びついていることは、ちょっと考えただけでもわかるだろう。民族的・文化的な背景とは関係なく、世界共通の本能のようなものにより、誰もが即座に関連づけるはずだ。もしくは、祖先から受け継いだ記憶（そんなものがあればの話だが）のせいかもしれない。ほぼ世界中で、スープは癒やしの料理である。素朴で食べやすく、子供の頃を懐かしく思いだす一方、愛情も感じられる料理なのだ。

すべての人間が最初に口にする食物は、母親から与えられる温かく栄養豊富な液体だ。したがって、ストレスにさらされた大人が別の温かく栄養豊富な液体を求めてもおかしくはない。第二次大戦中のイギリス食糧省は、一杯の熱いスープに恐怖や不安をやわらげる効果があると気づいていたらしい。食糧省がたびたび配布した「食糧情報」のチラシ（食糧不足と配給のなか、なんとかやりくりする主婦向けに発行された）には、ひんぱんにスープのレシピが載っていた。第10号のチラシのレシピを以下に挙げよう。

◎空襲に備えておくスープ

スープを毎日作り、すぐ温められるようにしておきましょう。ショックや緊張に襲われた場合、熱い飲みものは効果絶大です。熱い野菜スープにまさるものはありません。栄養があるうえ、気持ちが落ち着くからです。

ニンジン…2～3本。玉ネギ…2個。スウェーデンカブ…小½個。セロリ（なくてもよい）…2～3本。脂…1オンス［約28グラム］。米もしくは精麦した大麦…2オンス［約57グラム］。熱湯…2パイント［約568ミリリットル］。塩、コショウ。きざみパセリ（なくてもよい）。

野菜をきざむ。鍋に脂を入れてよく熱し、野菜を1～2分炒める。塩、コショウで味つけをする。熱湯を入れて沸騰させる。米もしくは精麦した大麦を加え、蓋をして弱火で2時間煮る。必要に応じてさらに水を加えてもよい。食べる直前にきざみパセリを少し加えるのが望ましい。

●健康のためのポタージュ

現在のスープは、健康を維持するための食物とはかけ離れたものになってしまったが、以前はそ

上：「小麦のスープ」 下：「大麦のスープ」
中世の医学書『健康全書 *Tacuinum Sanitatis*』より

うではなかった。16世紀と17世紀の料理書には、たいてい「ポタージュ・ド・サンテ（健康のためのポタージュ）」のレシピが載っていて、その大半は「申し分なく風味づけした上等のブイヨン」から作る「手の込んだ」料理だった。一日のはじめに食べるポタージュ・ド・サンテもあれば、季節に応じた特別なレシピもあった。

1669年にイングランドで出版された『情報通のケネルム・ディグビー卿が明かす秘密 *The closet of the eminently learned Sir Kenelme Digbie Kt. Opened*』にもポタージュ・ド・サンテのレシピがいくつか記載されている。ナイト爵位を持つケネルム・ディグビー卿（1603〜65）は、ずば抜けて裕福な外交官・海軍司令官・科学者で、王宮でも顔が広く、本書では当時の要人について赤裸々に記している。次に挙げるレシピにも「王妃」に関する記述があるが、これがチャールズ2世の母君ヘンリエッタ・マリアなのか、それともポルトガル出身の妃キャサリン・オブ・ブラガンザなのかは明らかになっていない。

王妃が毎朝のように召し上がるブイヨン・ド・サンテは以下のごとし。雌鶏1羽、パセリひとつかみ、タイム1枝、スペアミント3枝、レモンバーム少々、大きい玉ネギ½個、塩とコショウ少々、そしてクローブに、雌鶏が全部かぶる程度の水を入れ、これを1パイント以下になるまで煮つめる。これで、ゆうにポタージュ鉢1杯分のブイヨン・ド・サンテができる。

興味深いことに、こうした健康スープのレシピの多くは鶏肉を使用している。くわしくはあとで説明しよう。

◉病気を治すためのスープ

ごく最近まで、たいていの健康問題には家庭の主婦が対処していた。薬になる料理を独自の方法で組み合わせ、日々の不調を治したのだ。少なくとも古代ギリシアの時代から「食物は薬、薬は食物」と考えられており（この考え方は現在ふたたび評価されてきたようだ）、医師が治療にあたる場合でも、各家庭の厨房を預かる者と緊密に連携を図った。

もちろん医師がスープを勧めることも多く、病気や消化についての通説（胃が弱い場合は薄いブロスしか消化できない、胃を強くするなら脂肪分の多いブロスにかぎる、など）に応じた材料で作ることが求められた。

「動植物であれ鉱物であれ、自然界の物質を口にすれば、その特性も体に取りこめる」という古代の思想は、比較的最近まで信じられてきた。この思想にもとづき、体液の不均衡（かつては病気の原因と考えられていた）を改善する薬や、薬効のある食材が選ばれた。ウィリアム・ブレン［イングランドの医師・聖職者。1515頃～1576」の論文『健康の管理――悪い食物の過剰摂取によって進行する病気、および他種の疾病から身を守り、健全な体を保つために』（1558年）には、このように記されている。

急に激しい吐き気に悩まされた場合は、あっさりしたものを食べねばならぬ。水っぽいグルーエルや、羊もしくは鶏の薄いポタージュなど、とろみも脂もないものがよい……しかし、病気が長引く場合は、もっと濃いものを食べねばならぬ。とりわけ風邪を引いたときは、しっかりしたものを食べねばならぬ。雄鶏か去勢鶏の肉、適量のワイン、煮込んだブロスといった食事がよい……乾きを感じている場合は、水分の多いものを食べねばならぬ。熱がある場合は、冷

「風邪の良薬」ヴィクトリア朝のリトグラフ

たいものを食べねばならぬ……かくして、ひとつの性質を増やせば、別の性質を打ち負かすのである。

要するに、食べたものが同種の状態をもたらすため、牡牛《おうし》のような強い動物から作ったブロスは虚弱な人に強さを与える、ということだ。現在でも病人にビーフ・ティー〔牛肉から取った濃いスープ〕を飲ませるが、その裏には、このような考え方があった。また、病気の症状は、正反対の特性を持つ食物によって解消できると考えられていた。たとえば、性病の「鋭い」痛みと膿汁《のうじゅう》（および、それを生じさせる強い性欲）の治療には、「冷たい食物」と「乾いた食物」が用いられ、ポタージュやワインは厳禁とされた。

◎淋病患者に適した食物

刺激のあるものを避け、ワインやポタージュも控えなくてはならない。吊るして干した雌鹿の肉のようなものしか食べてはならない。

――フィリップ・バロウ著『医法 *Method of Physicke*』（1583年）

今の時代、太るためのレシピを載せたヘルシー料理の本など、ほとんど存在しない。だが、かつては太れないというのは大問題だった。アンダルシア料理に関する13世紀の著者不明の写本には「痩せた男女を太らせる」スープのレシピが載っている。材料は、丸々とした動物の子から作ったブロスのほか、小麦、米、ヒヨコマメ、香辛料、新鮮なバター、溶かした腎臓の脂だ。過酷な「キャベツスープ・ダイエット」で体重を減らそうとする人が後を絶たない現代とは、驚くほど対照的だ。

昔の医学書はダイエット本や料理書のようにも読めるが、掲載されているレシピにはスープが多かった。医学書を書いたのは医師ばかりでもない。物理学者ロバート・ボイル（1627〜1691）は『医薬の実験——比較的簡単に用意できて、家族の役に立ち、地方の人々でも使いやすい、安全な医薬品選集』（1693年）のなかで次のように助言している。

◎母乳の出をよくするための良薬

レンズマメ（多くの人はヤハズエンドウと混同している）のポタージュをたくさん食べるとよい。

授乳中の母親向けの薬はほかにも紹介されているが、そちらよりはレンズマメのポタージュのほうがずっとましだ。もう一方は、ミミズを粉にして飲料に混ぜるというしろものなのだ。

◉毒へビのスープ

18世紀、毒へビのスープが大流行した。毒へビをスープにするという考えは、中国から来たものと思われる。中国では今日でも、へビの肉が多くの病気の薬になると信じられているのだ。へビには3つの大きな特徴がある。まず、へビは柔軟だ（老化や炎症で硬くなった関節を柔らかくする効果があると考えられた）。そして定期的に脱皮し、その下の新しい皮が表面に出てくる（したがって、すべての皮膚病に効く）。また、言うまでもなくへビはとても強力な毒を作る（ゆえに、毒へビの肉を食べれば活力と体力がつき、肺病など消耗性の疾病に効くと信じられていた）。

現代の薬局方には、へビはおろか、どんなスープのレシピも載っていないだろう。だがイギリスの『新薬局方 *The New Dispensatory*』（1778年、ウィリアム・ルイス［イギリスの医師・化学者。1708頃～81］著）には「ユス・ウィペリヌム（毒へビのスープ）」の記載があり、「きわめて栄養豊富で、健康を回復させる食物。長期間の摂取が癩腫《らいしゅ》［ハンセン病による皮膚疾患］その他のやっかいな皮膚病に効いた例もある」と記述されている。『富める者と貧しい者のための家政と料理 *Domestic economy, and cookery, for rich and poor*』（1827年）の著者［マリア・イライザ・ランデル。1745～1828］は、毒へビにはさらにすばらしい効果があると考えた。イタリアでの評判を挙げ、「終油《しゅうゆ》の秘跡［臨終の床にある病人に聖油を塗って祈る儀式］のあとに与えられる食物は毒へビとカエルのブロスだけだ。助かる見込みのなかった患者が、このスープによって回復することも少なくない」と述べている。

かつては毒ヘビの肉を干したものが、スープだけでなく毒ヘビ酒の材料として薬局で売られていたが、生の肉を使うほうがはるかに望ましいとされた。「生命力」の多い生肉から作ったスープを飲めば、もっと力がつくと考えられていたからだ。生きた毒ヘビをスープにすれば、なおよかった。

◎毒ヘビのスープ

毒ヘビを生け捕りにして皮をはがし、頭を切り落とす。身を約2インチ［約2・5センチ］ずつに切り分ける。毒ヘビの身と心臓をゆでる。水の量は、かなり大きい毒ヘビ8匹に対して1ガロン［約4・5リットル］。煮汁1ガロンに対してワイン1クォート［約1・13リットル］を入れ、少量のコショウと塩も加える。好みで香辛料をいくらか入れてもよい。チャービル、ビーツの葉、レタスの芯、エシャロット1個、ホウレンソウ、チコリをきざんで加える。全部が柔らかくなるまでゆでる。

器の中央にフレンチロール［フランスパンのような質のロールパン］を置き、熱いスープをそそぐ。パン粉を焼いてふるったものと薄切りレモンを添える。

――シャーロット・メイソン著『料理を作り、食卓を整える貴婦人のための手引書 *The Lady's*

Assistant for Regulating and Supplying the Table』(1787年)

その昔、唐突に命を奪われた動物(特に若い動物)の死骸から薬を作れば、霊的な効力がいっそう高まると信じられていた。加齢や病気によって弱くなる前の生命力をいちはやく取りこめるからだ。1591年に書かれた「虚弱で消耗した体のためのブロス」のレシピは、「あまり年を取っていない赤い雄鶏を捕まえ、殴り殺す……」から始まる。なおこのレシピには、霊的な効力を高める要素がもうひとつあった。赤い若鶏を使うことである。赤は血の色であり、医術で特別な力を持つものとされていたからだ。

スープは、どのようなものであれ、薬を混ぜて食べるのに適していた。薬がおいしいハーブであれば、なおさらよい。

◎瘧《おこり》[マラリア熱]にかかった人のための飲みものとポタージュの作り方

ルリジサ[ムラサキ科の植物]とエンダイブ、フェンネルの根、レッドセージ、レティス[レタスの古語]、プルーン、パセリの根、大粒のレーズン、シンクフォイル[湿地に生える植物]、スイバ、チコリを同量ずつ全部ポタージュに入れる。同様に、ミルク酒[熱い牛乳にワインやビールなどを混ぜた薬用飲料]やアーモンドミルクに混ぜるのもよい。

――A・T著『病人のための宝庫 *A rich store-house or treasury for the diseased*』（1596年）

◉母親のためのスープ

多くの国には、出産を無事に終えた女性のための特別なスープがある。中国では、タンパク質を多量に含む豚足とショウガのスープや、ゴマ油入りの鶏スープといったところか。日本では、丸ごと1匹の鯉と麦味噌、ゴボウを使った鯉こくだ。韓国ではワカメのスープだろう。

現代の考え方からすると、母乳での子育てを間近に控える女性は栄養をつけなくてはいけない。だが19世紀半ばには、そうではなかった。シティ・オブ・ロンドン産科病院で出産直後の女性に出していた食事は、おもにスープだった。ただし、物理学者ロバート・ボイルが推奨したような、栄養豊富なレンズマメのスープとは異なる。

朝食――紅茶とパンとバターを適宜。
昼食――3日目まではブロスもしくはグルーエル、その後は煮た羊および煮汁。
ティータイム――朝食と同様。
夕食――9日目まではグルーエル、その後はパンとチーズとビール。

◉患者の意見

食欲のない病人にも、なんとか薬を飲ませる必要がある。だがそれは、一筋縄ではいかないことも多かった。薬がカタツムリのブロスだった場合、ほとんどの人にしてみれば「お砂糖ひとさじあれば苦い薬も飲める」［『メアリー・ポピンズ』の主人公の歌］というわけにはいかないだろう。カタツムリは昔から、黄疸《おうだん》や呼吸器疾患をはじめとする病気の薬として用いられてきた（ぬるぬるした粘液が肺を癒やすという発想だ）。とはいえこれは、病人が真っ先に欲しがるようなものではない。『富める者と貧しい者のための家政と料理』（１８２７年）の著者は、カタツムリの「吐き気をもよおすほどの味」と気持ち悪さを打ち消すためのアイデアをいくつか挙げている。

◎カタツムリのブロス

カタツムリをよく洗い、熱湯でゆでる。殻から身を取りだし、何度か水を替えながら、しっかりとこすり洗いをする。身を薄く切り、殻をすりつぶす。すべてを鍋に入れ、かぶるくらいの水を入れて火にかける。沸騰後、あくをすくい、弱火で数時間煮る。少量の塩と砂糖を加える。吐き気をもよおすほどの味を打ち消すため、ごく少量のメース［ナツメグの種子の皮を乾燥させた香辛料］も加えて完成。

カップ1杯ずつ、1日に4回飲む。バラのジャムを加えてもよい。それでも気味が悪ければ、薄い子牛のブロスに混ぜて飲むこと。とはいえ、ワラジムシ酒に比べると、はるかに飲みやすい……。

必要に迫られれば、嫌悪感は克服できる。ジェームズ・クック船長は、第2回航海の最中に重い病気にかかったとき、特製の「犬のスープ」で命拾いをしたらしい。

1774年2月。わたしは胆疝痛《たんせんつう》を起こしてしまった……病気が治りかけてきた頃、ミスター・フォースターの愛犬が、わたしの弱い胃のために犠牲となった。船上では、ほかに新鮮な肉などないのだ。わたしは何も食べられなかったが、この犬肉と、それで作ったブロスだけは口にすることができた。こうしてわたしは、ヨーロッパの大半の人が吐き気をもよおすような食物から、栄養と力をつけたのだった。「必要はいかなる法律にも縛られない」というのは真実である。

◉高価か無料か

言うまでもないことだが、患者がとても裕福な場合をのぞけば、薬の値段はかならず大きな問題となる。中世では、薬（薬用スープも含む）に宝石が加えられるのもめずらしいことではなかった。15世紀初期フランスの家事手引書『調理について *Du Fait de Cuisine*』には、健康回復用のブロスを煮出すための長いレシピがあるが、清潔な白い亜麻袋に宝石を入れて一緒に煮込むと記述されている。

上等で力にあふれ、きわめて高価な宝石、すなわちダイヤモンド、真珠、ルビー、サファイア、トルコ石、エメラルド、珊瑚《さんご》、琥珀《こはく》、碧玉《へきぎょく》を亜麻袋に入れる……60もしくは80粒以上の純金と、ダカット金貨、装身具その他の品々も袋に加える……これを金の鍋に入れて病人のもとへ運び、医師の指示に応じて使うべし。

常識を感じさせるのは亜麻袋だけのようだ。この亜麻袋があるおかげで宝石をブロスから引きあげ、また別の薬用ブロスを抽出するために再利用できる。

1811年のリトアニアでの出来事を描いたポーランドの名高い叙事詩『パン・タデウシュ *Pan*

Tadeusz』には、タデウシュとゾーシャの結婚式で何種類かのスープを供す場面がある。ビーツのスープは「王のスープ」と呼ばれている。そして、昔ながらの熟練の技で仕込んだポーランドふうブロスは、こくがあって澄んでいる。執事がブロスに数粒の小さな真珠と1枚の金貨を放りこむ……こうしたブロスは体を強くして、血を浄化する。

昔から真珠は、てんかんや精神異常、憂鬱、眼病、大量出血、さらには黄疸に至るまで、さまざまな病気の薬として使われてきた。また、活力を強化するだけでなく、寿命も延ばすと信じられていた。さらに、性欲を高める効果もあると考えられた。結婚式の場面では、この効能も期待されたに違いない。

もちろん、貧しい人は、調達できるところから薬を手に入れるしかない。だがよくしたもので、薬草として名高い野草もある。なかでも特に薬効が強いのが、どこにでも生えているネトル［セイヨウイラクサ］だ。早春から伸びるネトルは、新鮮な野菜がほとんどない長い冬のあと、重宝されたに違いない。また、ネトルのブロスは伝統的な春のスープであり、世界中で民間薬として使われている（水腫《すいしゅ》や関節炎、頸部《けいぶ》リンパ節結核など、さまざまな病気に効く）。

日記作家サミュエル・ピープス［イギリスの官僚］（１６３３～１７０３）の著述には、ネトルに関するものも多い。たとえば、1660年2月下旬に友人ウィリアム・シモンズを訪問した際の出来事について、次のように書いている。「そこでわたしたちはネトルのポリッジを食べた。採れたてのネトルを今日わざわざ料理したもので、とてもおいしかった」

◉ユダヤ人のペニシリン

チキンスープは昔から「ユダヤ人のおばあちゃんたち全員が作る万能薬」だった。この伝統を何世紀もさかのぼると、古代ギリシアからチキンスープを受け継いだユダヤ人哲学者マイモニデス（1135〜1204）にたどりつく。マイモニデスは、痔や憂鬱、ハンセン病のほか、あらゆる呼吸器疾患の治療のため、雌鶏や雄鶏の肉とブロスを勧めた。呼吸器疾患に有効だという考え方がいつまでも残り、現在もなお、チキンスープは風邪の引きはじめに効くと広く信じられている。

だが、なぜ鶏なのか？　鶏は牡牛のように強くもなければ、毒へビのように危険な動物でもない。しかも短命で、いささか頭が悪い。チキンスープが万能薬になるという伝統は、おそらく経験と実用的理由から生まれたのだろう。鶏はどこにでもいるうえ、1羽から、ちょうど扱いやすい分量の肉が取れる（冷蔵庫のなかった時代には切実な問題だ）。鶏を飼い、ときおり1羽をつぶして肉にする程度の経済的余裕なら、どの家庭にもある。年を取って卵を産めなくなった鶏でも、ブロスの材料にするにはちょうどいい。どこにでもいる間抜けな鶏が何やら謎めいた治癒力を持っていたのは、人間にとって幸運なことではないだろうか?

◉新しい万能薬?

現代の栄養学によると、「ビーフ・ティーを飲んで強くなれ」という宣伝文句より、野菜を摂るほうが体にいいとされている。世界保健機関(WHO)の見解によれば、食事は喫煙に次いで第2位のガン因子であり、西洋ではガンの約30パーセント、開発途上国では20パーセントが食事によるものだという。また、果物と野菜を多く摂る食生活には、特に消化管ガンの予防効果が高く、その証拠も多いという。さらに、キャベツなどアブラナ科の野菜で腸のガンを予防できる、トマトで前立腺ガンと肺ガンを予防できるなど、野菜によっては特定のガンの予防効果があるという証拠も増えていく一方だ。

将来、医学雑誌や薬局方にふたたび料理のレシピが載るときが来るかもしれない。そのなかには野菜スープのレシピもきっとあるだろう。そう信じて疑わない専門家もいる。

なんの成分も増強していない昔ながらの野菜スープは、おなじみの薬よりもずっと強力な抗発ガン物質である。

――ジェームズ・A・デューク（1929～）医学博士（アメリカ農務省に27年間所属）、民族植物学者。

第3章◉貧困とスープ

肉のゆで汁に野菜を加えれば、貧しい人にとって極上のスープになる。
――マリア・ランデル『家庭料理の新体系』(1808年版)

生活が苦しいとき、スープは理想的な食物だ。鍋ひとつと、いくらかの熱源さえあれば、簡単にたくさん作れる。また、手に入りやすい材料で作れるうえ、配るのも簡単だ。何世紀ものあいだ多くの国で、飢饉や戦争、自然災害で困窮する人々にまず配られたのはスープだった。また、スープにはもうひとつの利点がある。それこそ、慈善事業家がスープを配ってきた理由である。スープはどこまで薄めても、その栄養価を補ってあまりある温もりと癒やし効果を維持できるという点だ。

オノレ・ドーミエ「スープ」（1865年頃、スケッチに水彩）

◉貧者のためのスープ

貧しい人々に対する意識は歴史のなかで大きく変化してきた。それは、貧困層に与えられた援助の種類にも表れている。どのように援助するかを決める大きな理由は、貧困の原因が何で、それを減らす責任が誰にあるのかという2点だ。結局のところ、貧しい人々にスープを配るのは、気前のよい個人もしくは国家と相場が決まっている。

中世ヨーロッパには、旅人（通りすがりの他人を含む）を手厚くもてなすとともに、近隣の貧しい人々に施しをするというしっかりとした伝統があった。日々の食事や宴のごちそうの残りが家にあれば、飢えた人々に門口で配るのが当然だった。エリザベス朝が終わる頃には貧しい人々（そして彼らが起こす犯罪）の増加がますます目立つようになり、1601年には救貧法《きゅうひんほう》の基本と

「フランスのための食物」第一次大戦時のポスター（1918年）

1729年のブランドンフェリー労役所の献立表

	朝	昼	夜
日曜日	パンと頬肉	牛肉	パンとチーズ
月曜日	牛肉のブロス	エンドウマメのポリッジ	パンとチーズ
火曜日	牛乳のブロス	牛肉のポリッジ	パンとチーズ
水曜日	牛肉のブロス	ヘイスティ・ポリッジ*	パンとチーズ
木曜日	パンと頬肉	エンドウマメのポリッジ	パンとチーズ
金曜日	牛乳のブロス	子牛の心臓	パンとチーズ
土曜日	牛肉のブロス	エンドウマメのブロス	パンとチーズ

＊小麦粉を水か牛乳で糊状に煮込んだもの

なるエリザベス救貧法が定められた。これにより、貧しい人々を救済するのは個人ではなく、各教区が責任を持っておこなうことになった。

2世紀後、新たな工業都市に貧困が蔓延し、貧しい労働者階級が増加すると、裕福な人々から見た貧民は、犯罪を誘発する不気味な存在となった。そして、貧しい人々を「勤勉」（援助に値する）と「怠惰」（援助に値しない）に区別するようになった。教区の労役所にいれば食事も宿泊も無料なので、怠け者はますます怠惰になり、誠実に働かなくなるという見方が強まったのである。1834年の救貧法の改正はこうした変化を反映しており、労役所は大規模な「懲《ちょう》治院《じいん》」「懲治とはこらしめて心を改めさせること」と融合した。わざと懲治院に入って怠けることを防ぐため、その環境は過酷をきわめた（刑務所より劣悪だったこともめずらしくない）。

すべての時代を通じて、労役所のおもな料理は、言うまでもなく何らかの形のスープだった（グルーエル、ブロス、ポタージュ、ポリッジなど）。
1847年1月のスコットランドの慈善労役所における食事についての報告書（レポート）によると、収容者のタイプ別に4種類の献立があった。「健康な労働者」のための献立は以下の通りである。

朝食――オートミール3オンス［約85グラム］、バターミルクもしくはスキムミルク$1/4$パイント［142ミリリットル］
昼食――パン3オンス、ブロス$1\frac{1}{4}$パイント［710ミリリットル］（牡牛の頭およびすね肉$3\frac{1}{2}$オンス［約99グラム］、あるいは骨をのぞいた牛肉2オンス［約57グラム］、大麦2オンス、野菜$1\frac{1}{2}$オンス［約43グラム］、塩を十分に）、ゆでた肉4オンス［113グラム］
夕食――オートミール3オンス、バターミルクもしくはスキムミルク$1/2$パイント［284ミリリットル］

1884年、ウェールズ地方アベリストウィスの労役所連合は、レシピの一部の改訂版を発表した。スープの材料は、水8パイント［約4・5リットル］、生肉24オンス［約680グラム］、干しエンドウマメもしくは皮をのぞいた大麦16オンス［約454グラム］、生野菜と骨とハーブ8オンス

［約227グラム］となっている。グルーエルの材料は、水8パイント［約4・5リットル］、オートミール16オンス［約454グラム］、糖蜜4オンス［113グラム］である。ひとり分は通常1¼パイント［710ミリリットル］ほどだった。

栄養士でなくても、献立やレシピを見れば、こうした労役所の食事が不十分だということがわかる。公表されていた献立だけでもひどいのだから、実際の食事内容がさらに劣悪だったのは言うまでもない。安価で粗悪な（混ぜものだらけのこともめずらしくなかった）材料を買い、食事の量を減らして自分の取り分を増やすのは、悪徳所長には簡単なことだった。1846年、イギリスのアンドーヴァーの労役所が大変な不祥事を引き起こした。貧しい収容者たちが死ぬほど飢えたあげく、砕いて肥料にするための臭い骨をしゃぶっていたと報道されたのだ。

◉家庭での施しが始まる

表向きの立場はともかく、ヴィクトリア朝の主婦は、援助に値する近所の貧民に施しを与えることを求められた。18世紀の料理書にも、そうやって施すための「貧民のブロス」のレシピがあったが、19世紀には、ヴィクトリア女王の料理人を務めたチャールズ・エルミー・フランカテリなど「有名シェフ」による本も含めて、ほとんどすべての料理書に「貧民のためのスープ」のレシピが最低ひとつは載るようになった。

イザベラ・ビートン夫人による歴史的大著『家政読本 *Book of Household Management*』（1861年）には、著者自身のレシピがひとつだけ載っている。彼女の「施しに役立つスープ」では、1858年の冬のあいだ「家の近所の村で暮らす12世帯ほどの家族で分け合うために」毎週8〜9ガロン［36〜41リットル］も洗濯用の大鍋で煮込んだというレシピが紹介されている（実際に調理したのはビートン夫人ではなく、家政婦だったと思われる）。

たいていの場合、貧民への援助には、たんに飢えを先送りにすること以外にも重要な課題があった。ビートン夫人は教育的な成果も望み「もう少し料理の技術を身につければ、少ない出費で温かな料理を毎日食べられるのに」と書いている。貧しい人々は、鍋1杯分の熱いスープの材料をなんとか集められたとしても、たいていは燃料を買うお金もないということに、ビートン夫人は少しも思い至らなかったらしい。

◉スープキッチン

18世紀末のヨーロッパの小麦は不作で、品薄となった小麦粉は高騰した。1800年には、王宮までもが小麦粉の消費量を劇的に減らすという手本を示さなければならなかった。食事をもっぱ

学校で昼食のスープを食べる子供たち（1930年代）

らパンにたよっていた貧民は絶体絶命の危機に陥った。

社会改革を志した警察裁判所判事パトリック・コフーンは、1790年代にロンドンでスープキッチン［「炊き出し」あるいは「無料食堂」の意味］の設立を提案した。もっとも、食事を無償で提供する施設という着想はこれが最初ではなく、またイギリスだけのものでもなかった。エルサレムでは1552年に、ロクセラーナ［オスマン帝国のスレイマン1世の后。1506〜58］が巡礼者の接待所を設け、朝と晩に500人の「価値ある人々（かならずしも飢えてはいなかった）」に無償で食事を提供した。また上海では、1708年と1724年に大洪水と飢饉が起きた際、数か月にわたって米の粥の炊き出しをおこなった。

施しのスープは、コフーンをはじめとする社会改革家にとって多くの利点があった。小麦粉が不要なうえ、「悪用されにくい」援助の形式だという点もそのひとつである。スープはジンや「ほかの品物」に交換できないため「本当に困窮している人々と、困窮を装った人々を区別する」ことができたのだ。コフーンによる「肉とスープの施し」では、彼自身のレシピによる「牛の脚のスープ」と「エンドウマメのスープ」を分配した。１８０４年の冬には、慈悲深い人の寄付1ギニーにつき５０４杯のスープを作り、ロンドンの数か所で毎週1万世帯（５万人）にスープを提供するようになっていた。

この施しにも、やはり教訓的な思惑があった。スープに少額の料金を課したのだ。

貧者は無償で受けとったものを軽んじるきらいがある。（そして食事だけが）この施設に赴く利点ではない……貧者は、ほんの少しでも頑張って稼ぐことの意味を……この手本から学んだのである。

当時のスープの立て役者はもうひとりいる。イギリス植民地時代のアメリカに生まれた科学者・発明家のランフォード伯ベンジャミン・トンプソン（１７５３〜１８１４）だ。彼はバイエルン

「ニューヨークでの苦しい時代」——ロレンツォ・デルモニコ［スイス生まれの料理人。1813〜1881］が指揮したスープキッチン。（1873年、エングレービング）

選帝侯領政府で長年にわたって働くあいだ、囚人と貧民向けに大麦主体のスープ（および、いくつかの変種）を考案した。労役所の収容者は、1食につき$\frac{1}{3}$ペニーを払って$1\frac{1}{4}$パイント［710ミリリットル］のスープを受けとった。スープの栄養価を高めるため、細かくきざんだニシンや粉チーズが加えられることもあった。このスープのレシピが広まり、ナポレオン・ボナパルトにも認められたため、ランフォード伯はイギリスとヨーロッパとアメリカで広く名を知られるようになった。

1920年代の大恐慌は、まさかと思うようなスープキッチンの立て役者を生みだした。ギャングのアル・カポネだ。1930年11月15日付「ニューヨーク・タイムズ紙」の記事によれば、カポネはシカゴで毎週2100ドル

ドイツのゾッセンでスープを受けとる第一次大戦の捕虜

もの私費を投じ、毎日３０００人に食事を提供したという。朝食はコーヒーと甘いロールパン、昼食・夕食はスープとパンとコーヒーで、お代わりもできた。シカゴ市民の歓心を買い、非合法活動の手下を増やすことがカポネの意図だとする主張があったのは言うまでもない。その一方で、後の脱税裁判で彼の弁護人を務めたマイケル・アハーンは、突拍子もない主張を持ちだしてきた。何度もテーブルを叩きながら、カポネが政府の迫害の犠牲者だと「熱っぽい口調で雄弁に」訴えたのである。

しかし、浪費の罪を犯した政府も、やはり有罪です。この事件の調査と起訴のため莫大な金を無駄にしたのですから。今の時制においては、その金でスープキッチンを設けるほうがよほどましでしょうに。

◉アイルランドのジャガイモ飢饉

18世紀後期の小麦の不足も悲惨だったが、半世紀後、農業はさらに壊滅的な打撃を受けた。1845年から1846年にかけて、アイルランドでフィトフトラ・インフェスタンスというカビの感染によるジャガイモ疫病が発生し、ジャガイモが大凶作となったのである。当時、イギリスの地主の支配下にあったアイルランドの農民は、家族を養うためにジャガイモを栽培し、それを常食とするしかなかった［小麦の採れる肥沃な土地をイギリスに接収されていたため、地主に地代を収める必要のない小さな庭地で、きわめて生産性の高いジャガイモを栽培していた］。そのため、このジャガイモ飢饉による死亡者数は100万人以上とも言われている。また、それに匹敵する数の人々がアイルランド島外（大半はアメリカ）へ移住した結果、1850年代初頭にはアイルランドの人口が25パーセントも減ってしまった。

アイルランドのジャガイモ飢饉がイギリスによる集団殺戮だったと考える歴史家は少なくない。イギリス当局の対応が、不適切でずさんなものだったからだ。その背後には、ある問題が隠されていた。イギリス人が貧しい人々をどう思っていたにせよ、アイルランド人のこととなると、極端な見方になったという点だ。イギリス人は3つの理由でアイルランド人を見下していた。彼らは怠惰で、子供を過剰に産むうえ、カトリック教徒だという理由だ。そのため、アイルランド人にあまり施しをすると、ますます怠けて子供ばかり作るのではないかと言い張ったのである。

それでも最終的には食料の配給所が設置され、アイルランド救済委員会は、スープを「魚か野菜、穀物、ミール［粗挽き穀物］のいずれかを鍋で煮た食物で、濃い、あるいは薄い液体の状態で分配されるもの」と規定した。保健局と「医学の最高権威」が認めた正式な配給量は、以下のいずれかだった。パン…1 1/2ポンド［約680グラム］。ビスケット…1ポンド［約454グラム］。ミールか小麦粉、もしくはほかの穀物…1ポンド。これまで知られているレシピに従って調理し、1ポンドのミールでとろみをつけたスープ…1クォート［約1・13リットル］。以上のいずれか1品に加えて、割当量の4分の1のパン、ビスケットもしくはミール。

この場合も、実際の配給量が最低限の規定を下回ることはめずらしくなかった。そのうえ、配給の手順も刑罰じみていた。コークの配給所では、警察の監督のもと、貧しい人々が牛のように集められ、囲いに入れられた。その後、合図に従っていくつものゲートを通り、わずかな食料を受けとるのだが、食料にありつくまでに3時間もかかることさえあった。この方法は「あるところで不快な混乱と騒ぎが起こり、多くの時間が無駄にされたうえ、スープの分配係のいらだちを招いたため」、それを避けるために考案されたものだという。

そしてここにも、スープの配給以外の思惑があった。「無料の」スープを受けとるためには、信仰を犠牲にしなくてはならない場合もあったのである。過激なプロテスタント集団のなかには、カトリック信仰を捨てて改宗することを条件にスープを配る者もいた。おまけに、イギリス兵がスープの配給所を護衛する例もあった。その結果、スープを配る狂信的なプロテスタントと死ぬほど飢えたカトリック教徒、双方への軽蔑をこめて「スーペリズム souperism［非カトリック社会が学校を設立し、空腹の子供に食事を与えると同時にプロテスタント教育をおこなうこと］」や「スーパー souper［食物のために改宗した人］」などの新語が生まれた。

真の理解と（公的な）思いやりの欠如よりもなお悪いことに、娯楽や遊興として施しをする場合もあった。中心都市ダブリンに設けられた大規模な食料配給所には裕福な後援者たちが招かれ、わずかな配給のため「ジグザグ通路」に並ぶ貧しい人々を見物した。汚らしい下層民を遠巻きに眺めるためだったことは言うまでもない。

もうひとつの例を挙げよう。１８４５年、イングランド南東部、サセックスでの農業展覧会で催されたディナーの最中に、リッチモンド公爵がアイルランドの「勤勉な労働者」についてスピーチをおこなった。そのスピーチは好評を博したため、「貧民のための新しい食物」という見出しとともに翌日の新聞に全文掲載された。公爵は「この国のジャガイモの不作」に関する、かつて人から提案されて自分でも試したことのある名案について語った。

提案された名案というのは……安く手に入れれば、実際、とても体が温まるし胃もふくれるものです……インドでは、莫大な数の人々がそれを口にしています。なにしろそれは、アイルランドでのジャガイモのようなものですから。ほら、「カレー粉」のことですよ（笑）……カレー粉をひとつまみ湯に入れてごらんなさい。いや、おいしいスープになるとは申しません。しかし、よろしいですか、貧民が家に帰ってもろくな食べものがなければ、カレー粉入りの湯で体を温め、安らかな眠りにつくことでしょう（笑）……いかがです、この国の労働者にも試してみませんか。そうすればきっと、厳しい冬になっても貧民をとても満足させてやれるはずです（「そのとおり！」という喝采と抑えた笑い声）。

イギリス人から見ての話だが、ジャガイモ飢饉にも「ヒーロー」がいた。リフォームクラブ「ロンドンの紳士専用社交クラブ」のフランス人料理長で、当時最も有名な料理人だったアレクシス・ソワイエだ。ソワイエは大人数向けの食事を作るための道具や料理法の考案に強い興味を抱いており、その能力をアイルランドの大飢饉のなかで磨きあげ、10年後のクリミア戦争でも軍の糧食作りに役立てた。

ソワイエがアイルランドで食料配給所を開いたのは、人助けの心意気もあったが、みずから考案した料理法を試す絶好の機会だったからでもある。彼が考えた「100万人のためのスープ」は実に食べごたえがあり、ソワイエはこれを「1日に1度、ビスケットと一緒に」食べれば、健康でたくましい体力を十分に維持できると自負していた。何人もの裕福な有力者にも試食してもらい、その効果にもお墨付きを得た。ソワイエのスープの効果には異論もあり、とりわけアイルランド人には不評だったものの、アイルランド救済委員会のスープの規定を満たしてはおり、少なくとも人々の問題意識を高める役には立った。

ソワイエはタイムズ紙に多くのレシピを送り、紙面に何回か掲載された。彼は材料の入手のしやすさや費用の節減、そして「消化器官の改善」を考慮し、「安くて健康によいスープ」の修正版をいくつか作った。

◎スープ第1番のレシピ

牛すね肉1/4ポンド［113グラム］（骨はのぞく）を1/2インチ［1・3センチ］角に切る。中サイズの玉ネギ2個の皮をむき、薄切りにする。脂1オンス［約28グラム］を鍋（2ガロン［約9リットル］の水が入るもの）に入れ、肉と玉ネギを入れて火にかける。木（あるいは鉄）のスプーンで絶えず混ぜながら、肉と玉ネギが薄茶色になるまで何分か炒める。

カブの皮2個分とセロリの葉（上の部分）15枚、ポロネギの緑の部分2本分（いずれも通常は捨てられる部分と言わねばなるまい）をよく洗い、細かくきざんで鍋に入れ、ときどき混ぜながら、さらに10分炒める。

普通の小麦粉（ほかのデンプン質のもので代用も可）½ポンド［約227グラム］と、精麦した同量の大麦を加えてよく混ぜ、水2ガロン［約9リットル］を入れる。塩3オンス［約85グラム］とブラウンシュガー¼オンス［約7グラム］で味つけをする。ときどき混ぜながら沸騰させた後、ごく弱火にして、大麦が完全に柔らかくなるまで3時間煮込む。

最近わたしの厨房を訪ねてきた多くの貴族や議員、そして数名の貴婦人にこのスープを味見していただいたところ、栄養豊富で味もよいとの評価を得た。

◉戦争と包囲戦スープ

戦争やその他の人災の際に、スープが人々を救ったことは何度もある。ごく最近では、2001年9月11日の世界貿易センタービルの爆発から何時間もたたないうちに、救援隊と生存者を元気づけるためのスープが配られた。

アイルランドで経験を積んでからおよそ10年後、アレクシス・ソワイエはクリミア戦争［1853～56年］の野営地に調理場を設営し、レシピを考案した。その多くはスープで、兵士の糧食から作れるものだった。このときも、ソワイエのレシピはタイムズ紙に数多く掲載された。

最も創意あふれるスープキッチンは、ボーア戦争［イギリスと、オランダ系ボーア人（アフリカー

エドウィン・フォーブス「スープの分配」(1876年頃)

ナー）が南アフリカの植民地化を争った2次にわたる戦争」時のものだと言ってもいいだろう。レディスミス（1899年10月30日〜1900年2月28日）、キンバリー（1899年10月14日〜1900年2月15日）そしてマフェキング（1899年10月14日〜1900年5月16日）でイギリス駐屯軍が長期にわたる包囲戦に耐えるあいだ、スープキッチンはことのほか重要な意味を持った。当時の記述には「包囲戦スープ」なるものがあり、食料が乏しくなるなかで意識が変化していく様子もうかがえる。

1900年、キンバリーのロックフォート・マグワイア閣下夫人は次のように述べている。

1月19日、あらゆる種類の食料が底を突きだした。するとローズ氏は、キンバリーの町のためにスープキッチンを開設した。ここでは、希望者は誰でも配給の肉と引き換えにスープを受けとることができる。野菜はケニルワース地区の菜園のものが用いられた。スープは１パイント［５６８ミリリットル］につき３ペンスの値段で販売された。野菜不足に悩みはじめていたうえ、料理用の燃料を手に入れることもほぼ不可能だった一般大衆にとって、このスープは計り知れないほどありがたかった。スープキッチンは細々と始められたが、配給品を持ってくる人の数は徐々に増えた。そして、あっという間に町の警護隊や騎馬隊、そしてかつてはスープキッチンを見下していたイギリス正規軍の兵士までもが集まり、「軍馬も配給品扱いにして最高のポトフに替えてくれ」と騒ぎだした。

もうひとり、キンバリーのウィニフレッド・ヘバーデン（医師の妻）は次のように記している。

2月10日。今朝はずいぶん静かだと思っていたのに、朝食の直前、激しい砲撃がまた始まった。砲弾がマーケットスクエアに降り、わたしたちから50ヤード［約46メートル］、80ヤード、そして１００ヤードの地点に落ちてきた……昼食時には、また1時間ほど静かになった。人々はそのあいだにスープキッチンに走り、割り当てのスープをもらって急いで帰った……注目すべきは、先入観や嫌悪感のために馬肉を食べられない人たちが、誰よりも動揺し、不安がっていることだ。なぜなら彼らは、挽き割りトウモロコシの粥と紅茶、パン、そして包囲スープで生きているのも同然だからだ。いずれも、たいした量はない。こんな貧しい食生活では、精神的にも肉体的にも弱ってしまうだろう。

1900年2月17日、「AP通信」の記者がレディスミスで次のように報じた。

いまや駐屯軍は、極上の馬肉ソーセージその他を作り、栄養豊かなスープにするための工場と化した。スープは兵士たちにとても喜ばれている。こういった食物が配られはじめたことで、兵士たちの力も増したに違いない。

そしてついに、ロバート・ベーデン＝パウエル大佐率いる駐屯軍もろとも、マフェキングが包囲された。包囲戦はほぼ6か月に及び、とりわけ「先住民」にとって事態はきわめて厳しくなった。

1900年2月22日。近頃、マフェキングで廃棄されるものは何もない。飢えた犬から取り戻した生ごみは、先住民向けのスープとなる。1パイント［568ミリリットル］、もしくは½パイント［284ミリリットル］ずつ小分けにして売るのだ。スープは飛ぶように売れ、た

ボーラーマン大尉の調理場。南北戦争中の光景。

ちまち食べ尽くされる。

このスープのおもな材料は「食用に殺した動物の死骸や、敵の砲撃で死んだ動物のほか、もはや家畜を飼う余裕のない人々が売却した馬やロバ」だった。ベーデン＝パウエル自身もマフェキング・スープの「レシピ」を書き記している。

1900年2月23日。マフェキングのスープキッチンはきわめて順調に機能している。今日のスープの材料は、馬の半身250ポンド［約113キロ］、粗挽きトウモロコシ15ポンド［約7キロ］、カラスムギの外皮47ポンド［約21キロ］。これで132ガロン［約594リットル］のスープを作った。スープの濃さはポリッジ並みだった。このスープ50ポンド［約23キロ］は先住民100人分の食事になるだろう。

3月半ばには、白人たちも、このスープを食べる必要に迫られていた。子供たちのほか、代金を払うのが不可能だと証明できた人々には、スープが無料で配られた。ことのほか激しい砲撃があった日には、2万3000人がマフェキングのスープキッチンで食事をしたという。

どうやら、苦しい目に遭えば、エリート意識はスープキッチンの戸口で消え失せるようだ。

第4章◉保存と携帯、探検と戦争

太平洋まで陸路の旅に出る友達がいるなら、携帯できるスープ1箱は最も実用的な餞別でしょう。

――イライザ・レスリー『料理の手引き』（1837年）

食物の保存は、人間という動物が昔から絶えず気にかけてきたことだった。食物を保存できればなにかと都合がいいのは明らかだ。長く寒い冬や過酷な季節、凶作に直面しても、仲間に食物を与え続けられる。ふいに客が来たり、長旅に出たりするときでも、食べるものに困らない。食物を濃縮した形で保存できるなら、保管場所も少なくてすむため、なおさら都合がいい。旅人（戦いに赴く兵士を含む）にとっては、ますます好都合だ。そして、濃縮した保存食がすぐ食べられる状態になるのであれば、なお結構だ。その料理が、誰にでも好まれ、例外なく心をなごませ、栄養豊富なスープならば、あらゆる保存食のなかでも最高と言えるのではなかろうか。

長期保存ができて簡単に携帯できるようなスープを作ろうという黎明期の努力によって生まれたのが、肉の煮汁を徹底的に濃縮したスープキューブだ。これは現在のブイヨンキューブの前身である。18世紀には、こうした「携帯スープ」のレシピがどの料理書にも載るようになっていた。

こうしたスープの名称はさまざまで、子牛《ヴィール》のグルーや平焼き《ケーク》スープ、固形グレービー、固形ブロス、固形スープ、旅行かばん《ポートマントー》ポタージュ、ポケットスープ、キャリースープ、即席スープなどがあった。持ち運べるスープを誰が最初に考案したかについては異論が多く、なかにはとても信じられないような説もある。だが、水分がほとんど全部飛ぶまで煮汁を煮つめた結果、世界のあちらこちらで同時に携帯スープが考案されたのだろう。

わたしの知るかぎり最も初期に書かれたレシピは、上記のどの名称でもない。それは、裕福な農民で発明家のヒュー・プラット（1552～1608）が17世紀はじめに書いた本『戦のための糧食 *Victuall for warz*』のなかの「ドリー・ゼリー……マウス・グルー［チューインガムのように噛むための弾力のある物質］に似たかけら」のレシピだ。ドリー・ゼリーは「牛の脚全体を……とろみがつくまで煮込んで」作る。どのレシピでも、肝心なのは大量の骨を使い、長時間煮込んでコラーゲン（ゼラチン）を抽出し、さらに煮つめて汁気を飛ばすことである。徹底的に煮汁を濃縮したあとは浅い型に流し入れ、固まったら四角に切る。そして亜麻布の上に置き、何度もひっくり返しながら完全に乾かす。固形スープの完成後は、さらに亜麻布でしっかり包み、実際に使うときまで

「アーマーズ牛肉エキス」広告。1910年頃。

箱に入れて保存した。
1840年、進取の気性に富む冒険家ロバート・ブレムナーは、微生物の働きで分解可能な究極の容器に携帯スープを入れて持ち運んだ。これについてブレムナーは、著書『デンマーク、ノルウェー、およびスウェーデン周遊 *Excursions in Denmark, Norway and Sweden*』の「狩猟を愛する仲間への助言」の章でこう説明している。

食物に関しては、ロンドンで120ポンド［約54・4キロ］の牛肉を調達し、マイバーツ・ホテルの男性調理人に煮込ませた。そして、濃いゼリー状になった煮汁を牡牛《おうし》の気管（これはどこの肉屋にもある）に流し入れた。こうすると、非常に固くなり、まったくカビも生えなくなる。これを1インチ［2・54センチ］ほど切ってコンジュラー［19世紀の調理器具。七厘に似た形状で蓋があり、下部で紙などを燃やして食材を急速に加熱できる］に入れ、1～2羽のライチョウもしくは1羽のアヒルと一緒に煮込むと、ヴェリーズ［ロンドンにあるレストラン］並みのごちそうになる。風が地面の雪を吹き払ったとき最初に現れる植物、ソレルも入れると格別だ。

携帯スープは、さまざまな状況で用いられた。アメリカのヴァージニア植民地でウェストーヴァー農園を経営していたウィリアム・バード2世は、森の生活に向く食料として、グルー・ブロスと

「ロカホミニー」を推奨した。

このグルーはとても濃いため、2〜3ドラム［4〜5グラム］を熱湯で溶かし、少量の塩を加えれば、美味なブロスが半パイント［約300ミリリットル］できる。空腹や疲労で弱っているときは、少量のグルーを口のなかで溶かせば、驚くほど元気が出るはずだ……森で暮らしていると、湿地の近くで寝たり冷たい水を飲みすぎたりして赤痢にかかることが非常に多い。だが、このグルーは赤痢にもよく効く。グルー・ブロスは、獲物が乏しい時期にときどき使うだけなので、6か月の旅なら2ポンド［約100グラム］もあれば十分だろう。ブロス1皿につきスプーン半分のロカホミニーでとろみをつければ、なお元気が出る。ロカホミニーとは先住民の食物で、トウモロコシを焦がさないように炒って粉にしたものである。

◉イギリス海軍

イギリス海軍は1757年頃から携帯スープを船に積みこんだ。この携帯スープは「海軍で利用するためロンドンで加工した牡牛のくず肉から」作られており、驚くほど保存性にすぐれたものだった。そのレシピにはたいてい、「東インド［マレー諸島］全域を航海しても腐らない」などと記されていた（つまり2年以上もつということだ）。1930年代、戦時食糧省の顧問ジャック・セシル・ドラモンド［1891〜1952。イギリスの生化学者。壊血病を予防する成分の抽出に成功、ビタミンCと命名］がグリニッジの海事博物館で調べた携帯スープは、かのジェームズ・クック船長が1772年に入手した航海用保存食の一部だという、いわくつきのものだった。ドラモンドはこれを味見し、まだ食べられると断言した。

その昔、長い航海には壊血病が付きものだった。南洋へと航海したクック船長の船は、結果的に、壊血病の予防効果のありそうな食物をテストする海上実験室になった。

ザワークラウト、マスタード、酢、小麦、濃縮オレンジジュースおよびレモンジュース、サループ［ラン科植物サレップの球茎もしくはクスノキ科植物サッサフラスの樹皮・根皮から作る薬用飲料］、携帯スープ、砂糖、糖蜜、野菜（入手可能ならば常時）を摂取した。つねに摂れるものもあれば、たまにしか摂れないものもあった。ほかにも、新鮮な「麦汁」［粉末状の大麦の麦芽を熱湯と混ぜて糖化させた液体。ビールやウィスキーの原料］を麦芽から毎日作った。

クック船長の航海は、壊血病とは無縁だった。第1次航海で船医助手としてエンデバー号に乗り組んだペリー［ウィリアム・ペリー衛生兵曹］は、次のように記している。

わたしたちはティエラ・デル・フエゴ［南アメリカ大陸南端部に位置する諸島］で野生のセロリを採取し、これを小麦粉と携帯スープで調理して毎朝食べた……船はホーン岬を通過したが、プリマス出港後と同様、壊血病にかかった乗組員はひとりもいない。

クック船長は、携帯スープの利点に気づきはじめていた。船上での退屈な食生活に変化をつけるだけでなく、乗組員に野菜を食べさせるうえでも役立つという点だ。携帯スープ自体に壊血病を防ぐ効果はない。

携帯ブロスもすばらしい食物なので、大量に積みこんでおいた。状況によって変わるが、たいていは1週間に3日、乗組員ひとりにつき携帯ブロス1オンス［約28グラム］の割合でエンドウマメの水煮に入れた。野菜があるときはここに加え、小麦かオートミールも入れて毎朝の食事にした。携帯ブロスを入れると、栄養豊富で体によい料理ができる。それはまた、乗組員に野菜を多く食べさせる手段でもあった。

とはいえ、携帯スープは、かならずしも大歓迎されたわけではない。クック船長がごくまれに鞭打ちの罰を与えるのは、乗組員が携帯スープを食べようとしないときだった。

◉ルイス・クラーク探検隊

メリウェザー・ルイス［1774～1809。アメリカの探検家・博物学者・軍人・行政官］とウィリアム・クラーク［1770～1838。アメリカの探検家・博物学者・軍人］が1804年から1806年にかけておこなった探検は、太平洋沿岸まで陸路で北アメリカを横断し、帰還を遂げた最初の例である。クラークは探検用の食料のなかでも携帯スープを特に重視し、元々の予算以上に調達した。食料の購入額全体のなかでも携帯スープにあてた割合は断然多く、他の物資や武器弾薬の金額を上回った。

クラークが軍の物資配給所に宛てた手紙の一部を引用しよう。

わたしが思うに、携帯スープは特に欠かせない食材で、かなりの量が必要です。しかし、これほどの量を調達するのは容易ではないでしょう……まことに勝手ながら、携帯スープを200ポンド［約90・7キロ］調達していただきたいのです……携帯スープ1ポンド［約454グラム］が1ドルほどだと考えていましたが、もっと値段が高い場合は、購入量を減らすほかありません。合計の支払額を250ドル以下に抑えなくてはならないのです。

結局ルイスは32個のブリキ容器（火薬入れに似た筒型の蓋つき容器で、今日一般的な「缶」とは異なる）に詰めた乾燥スープ193ポンド［87・5キロ］に289ドル50セントを支払った。クック船長の乗組員と同じで、ルイス・クラーク探検隊の部下たちも、このスープを大歓迎はしなかったようだ。そのことがはじめて記述されたのは、1805年9月14日、ビタールート山脈（現アイダホ州アイダホ郡）を横断していたときだった。山間部は寒く、雪が多かった。狩りをしようにも獲物が乏しく、隊員たちは飢えていた。パトリック・ガス軍曹は、その日の日記にこう書いている。

狩りの獲物は数羽のキジ以外、何もなかった。奇跡でも起こらなければ、30人以上の隊員と数人の先住民の空腹を満たすのは不可能だった。そこでルイス大尉が、いざというときのために持参していた携帯スープをいくつか分配した。だが、このスープを喜ばない隊員もいて、馬を1頭殺すことに決まった。彼らはすぐに馬を殺し、ローストに取りかかった。わたしも、そのほうがおいしく食べられると思った。

◉さまざまな濃縮スープ

古くなったキューブ状「ヴィール・グルー」は、18世紀と19世紀の船乗りや探検家をひとり残らず魅了したわけではなさそうだ。とはいえ、あまりにも便利だったので、固形スープのアイデアが消滅することはなかった。軍事面、商業面での利用価値に目をつけた科学者や発明家は、このアイデアの調整と改良を続けた。現代のスーパーマーケットの棚にも新商品が絶えず並んでいることからすると、固形スープの開発はずっと続いてきたようだ。なかには、商品名が広く世に知れ渡った固形スープも少なくない。

ドイツの有機化学者ユストゥス・フォン・リービッヒ（1803〜1873）は、若い頃から肉の組織の研究に興味を抱いていた。最初は学問としての興味にすぎなかったが、やがて個人的な動機も加わった。イギリス人の友人の娘が病気になり、死の危険にさらされたのだ。リービッヒは大急ぎで実験を重ね、冷水で抽出した鶏肉エキスを少量ずつ、定期的に患者に飲ませた。すると、患者が回復したのである。その数年後には、商業面での動機も加わった。当時、ウルグアイでは皮革製造のためだけに牛を飼い、大量の肉を廃棄していた。そのことを知ったリービッヒは、ウルグアイのフライベントスに工場を設立し、「エクストラクトゥム・カルニス・リービッヒ（リービッヒ肉エキス）」の製造と販売を始めた。

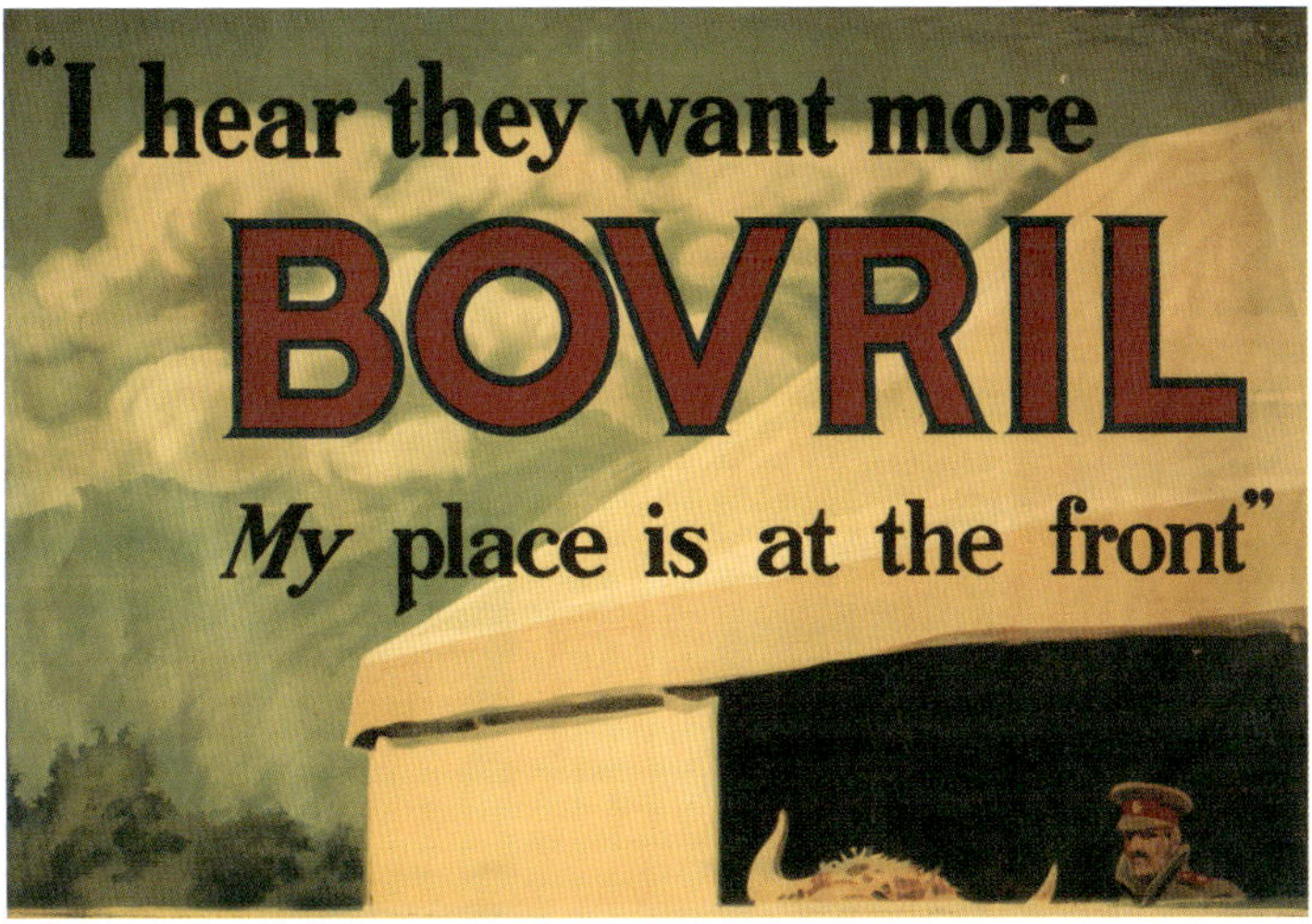

戦時中のイギリスの宣伝ポスター「ボヴリル」(1915年)

料理に風味を添えるだけでなく、療養食にもなるということで、この牛肉エキスはたちまち人気を博した。リービッヒ肉エキス会社からオクソ社が分社化し、元々液体の肉エキス「オクソ」は乾燥・圧縮後にアルミ包装され、キューブ状スープとなった。この商品は、20世紀半ばには、文字どおりイギリス全土の食品棚に置かれるようになった。

時流に便乗する者もいれば、そのアイデアを拾って別の方向へ走りだす者もいた。1870年代にジョン・ローソン・ジョンストンが開発した「ジョンストン液体ビーフ」は、塩気が強く、味もよい肉エキスだ。これは後に「ボヴリル」という商品名に変わった。コンデンスミルクの製品化に成功したゲイル・ボーデン(1801〜74)も「ボーデン肉ビスケット」を作った。

ボーデンが1830年に特許を出願したときの

明細書の定義によれば、「ボーデン肉ビスケット」は「栄養豊富な動物体から取った抽出物に野菜粉や挽き割り穀物を混ぜ、平らに押し固めて乾燥するまで焼いた濃縮固形スープ」で、「陸路の旅や航海の最中、野菜と肉入りで実に美味なる料理を楽しめる……1か月に食べる分を小さな容器に入れて持ち運ぶ」こともできるというものだった。

◉乾燥スープ

食物を乾燥させるというのは、最も古い保存方法のひとつだ。そのため、「グルー」の水分をさらに抜いて粉にするというのは、科学者にとって、さほど大きな発想の飛躍でもなかった。とはいえ、そうしてできたものは「スープ用の出し汁」でしかなく、スープそのものではなかった。クリミア戦争の際、スープに加えるための乾燥野菜をフランスのショーレ社が売りだしたとき、アレクシス・ソワイエはその商品を褒めちぎった。新たな大発明だと考えたようだが、それは大きな間違いである。

確かに、科学研究と技術の進歩により、今日のスーパーマーケットに並ぶ乾燥スープミックスの種類はおおいに増えた。だが、乾燥野菜のアイデアは科学者だけのものでもなければ19世紀に限ったものでもなく、ましてやヨーロッパ限定でもなかった。

フランソワ・エールマン作、マギー・スープのポスター（1910年頃）。ヴィクトル・ユーゴーが台本を書いた演劇『リュイ・ブラース』の公演ポスターが重ねて貼られている。

トルコ中央部のアナトリア地方では、昔から乾燥野菜をさまざまな料理に使う伝統があった。当然のことながら、乾燥野菜はいざというときのために保存しておける。だが、この地方では、乾燥野菜をつかった料理が高い人気を誇っている。そのひとつ「タルハナ」は、世界でも特に古い乾燥スープと言えるだろう。その起源や名称の由来はいまや古代の霞のなかで、言い伝えめいたものしか残っていないが、「ダル・ハネ（貧しい家）」が語源とする出所不明の説もある。トルコ皇帝が庶民の家に立ち寄らざるを得なかったとき、その家の主婦が恥じ入りながら献上したのが、この料理だったという説だ。

タルハナの最も基本的な材料といえば、穀物とヨーグルトで作ったサワードウ［乳酸菌と酵母で醗酵させたパン生地］を小さな団子にするか、薄い板のように延ばして乾燥させたものだ。これを水で戻し、「タルハナ・ハーブ *Echinophora sibthorpiana*［セリ科エキノフォラ属の植物］」をはじめとする何種類もの乾燥野菜を加え、粥状にしたのがタルハナだ。タルハナ・ハーブは醗酵を促進し、料理を長持ちさせるだけでなく、風味づけにも役立つ。

パプリカ入りの栄養豊富な肉シチュー「グヤーシュ」［ハンガリーのシチュー］の原型も乾燥スープだ（言うまでもなく、これにパプリカは入っていない。トウガラシは新大陸の食物なので、ヨーロッパでは16世紀初頭まで入手不可能だったからだ）。その起源は「グヤーシュ・フス（牧童の食事）」で、少なくとも9世紀までさかのぼれるようだ。14世紀の年代記（それ以前の記録にもとづ

エミール・レヴィ「レセル濃縮ブイヨン」(リトグラフ、1880年代頃)

くもの）には、牛肉をゆでて干し、いつでもスープを作れるよう袋に入れて持ち運んでいたマジャル人［ハンガリー人の祖先］の遊牧生活が描写されている。マジャル人は兵糧《ひょうろう》の面で敵を上回っていた。9世紀の東ローマ帝国皇帝レオーン6世が戦で勝利を収めたのは、兵糧の面で有利だったからだと考えられる。

兵糧にするには、乾燥スープは明らかに便利だった。戦場でもマグカップと少量の湯さえあれば、食事で元気を取り戻せる。普仏戦争（1870～1871年）から第二次世界大戦までのドイツ軍のおもな糧食は「エルプスヴルスト」（マメとライ麦の板状スープミックス。1枚から250ミリリットル鍋1杯分の栄養豊富で食べごたえのあるスープができる）だった。乾燥スープよりも缶入りスープのほうが重宝されるのは、スープを戻すための水も燃料も入手不能な前線にいるときだけだ。缶入りスープは第一次世界大戦中のイギリス兵にとって、主要な糧食だったとはいえ、多くの場合は缶から直接、冷たいまま食べるしかなかった。これが実にひどい味で、よほど空腹でなければ食べられなかったと伝えられている。

乾燥スープの品質が長期間（きわめて低い温度という条件下ではあるが）変わらなかった証拠がある。1950年代に英国南極観測局が南極に残してきた乾燥スープだ。これを2008年に発見・試食したチェコの科学者チームによれば、まだ食べることができたという。

当然ながら、「乾燥スープは軍隊だけでなく主婦にも売れる」とメーカーが気づくのも時間の問

宇宙でのスープ。チューブ入りボルシチを食べる宇宙飛行士。1975年。

題だった。しゃれた料理をたっぷりと、しかも安く家族に食べさせたいと考える主婦に向けて、メーカーは乾燥スープを売りこんだ。1942年9月3日付のニューヨークタイムズ紙の料理欄には「新発売の乾燥スープは自家製スープにも劣らぬ味」という記事が掲載された。この乾燥スープには、野菜スープ、オニオングラタンスープ、そしてピーマンとコーンミールのスープの3種類があった（最後のスープは「特に子供たちのために」考案されたものだ）。これは1回分ずつセロファンで包装されていて、1クォート「940ミリリットル」の水に溶かし、味つけをして弱火で20分煮込めば食べられる。記事では「乾燥スープとは思えないほど味がよく、まさに栄養満点なのは間違いない」と断言している。

ほかにも多くの乾燥スープが売りだされた。翌

1943年1月、先の記事を書いたコラムニストは、最初の3タイプにボルシチが加わり、「間もなくホウレンソウとキャベツのクリームスープも出る予定」と述べている。マーケティング手腕がみごとだったのは、こうしたスープを当初から「ほかの料理をおいしく作るための材料」として売りこんだ点だ。第1弾のピーマンとコーンミールのスープには、これを元にスフレやミートローフを作るためのレシピカードがついていた。

乾燥スープを使った料理のなかで最も人気を博したのは、1950年代に考案されたカリフォルニア・ディップだ。オニオングラタンスープの素1パックとサワークリーム1パックを混ぜるだけという、あきれるほど簡単な手順ながら、当時のパーティーには欠かせないディップソースだった。これは半世紀が過ぎた現在でも人気が高く、この手軽さはいまでも乾燥オニオングラタンスープのおもな購買理由である。

●缶入りスープ

歴史を振り返ってみると、戦争は発明と革新をことごとく推し進めてきた。そして、缶詰産業が始まったのは、「軍隊は胃で行進する生物である」と述べたナポレオン・ボナパルトによるところが大きい。それ以前の軍隊では、何世紀ものあいだ、遠征先では食料は略奪するものだった。しか

「キャンベル・キッズ」が描かれた広告用ポストカード

し、史上最大の陸軍となったナポレオン軍にとっては、かつてのように現地調達する食料だけでは足りなかった。兵糧を大量に運ぶ必要に迫られたことがきっかけで、フランス産業振興連盟の食品保存委員会は兵糧の新たな保存方法を公募し、多額の賞金をかけた。

　これに奮起したのが小さな村の村長で、料理人ならびに菓子職人でもあったニコラ・アペール［1749～1841］だ。アペールは以前から食品の保存に大きな関心を抱いており、グルメ市場向けの瓶入り保存食の製造・販売を小規模ながら成功させたうえ、フランス海軍からも兵糧の試作品の注文を受けていた。食物の腐敗に「細菌」が関与するという認識が広まるのは、1860年代にルイ・パスツール［1822～95。フランスの生化学者・細菌学者］の研究が自然発生説を覆

ハインツ濃縮スープ（左）とキャンベル野菜スープ（右）の広告

してから後のことだが、加熱して空気を抜けば食物が腐敗しにくくなるというのは、以前から経験的に知られていた。独自の瓶詰め技術の改良を重ねたアペールは、フランス産業振興連盟の懸賞に応募し、1810年に賞金を獲得した。

　だが妙なことに、この技術の特許を取得したのはピーター・デュランドというイギリス人で、しかもアペールの瓶詰技術の公開からわずか数か月後のことだった。デュランドが新しい食品保存法を同時期に考案したのか、それとも産業スパイだったのかは不明である。とはいえ、この特許は、ガラス瓶よりもはるかに実用的な金属缶の使用まで網羅していた。そして1813年、世界初の缶詰工場がイギリスに誕生した。しかしこの工場には、1時間につき6個の缶詰を作る能力しかなかった。手作業で金属を加工し、ひとつひとつ中身を詰めては、蓋をはんだ付けしていたからだ。当時はまだ缶切りがなく、銃剣で缶をこじ開けるという不便な缶詰であったが、防水性と耐久性にすぐれるため、探検家には重宝された。

1824年、ウィリアム・エドワード・パリー［1790〜1855。イギリスの軍人・探検家］は北西航路［北アメリカ大陸の北側にあるカナダ北極諸島のあいだを抜けて太平洋と大西洋を結ぶ航路］の探検航海に赴いた際、牛肉とマメのスープの缶詰を持っていった。1845年に北西航路探検に乗り出したジョン・フランクリン［1786〜1847。イギリスの軍人・探検家］は、そのまま帰らぬ人となったが、このとき携行した缶詰のうち数個が、1857年の捜索時に発見されている。そのひとつが1939年に開封されたが、中身は依然として食べることができた。もっとも、初期の缶詰の密封用はんだは、その成分の90パーセントは鉛であり、フランクリン隊の一部の隊員がこの缶詰による鉛中毒で命を落としたことを示す証拠も残っている。

例によって、行軍や探検航海向けに缶詰を作っていた食品メーカーは、製造効率が十分に上がるとすぐに国内市場に目を向けた。19世紀最後の数十年には、缶詰が世界中に普及していたうえ、その他のめずらしい品々とともに、たちまちある種のステータスシンボルとなった。シンガポールの名門ラッフルズ・ホテルは、1910年3月31日の昼餐会のメニューに「ハインツ・トマトスープ」を誇らしげに記している。ハインツ社は、ゲストをもてなすのにうってつけのグルメ商品として、トマトスープを売りだした。同社の広告にも、にぎやかなディナーパーティーで出された「いかに

アンディ・ウォーホル作、キャンベルスープ缶をモチーフにしたポスター。1960年代。

も家庭料理のような」スープが缶詰だとは「とても信じられないと驚くゲストたち」の様子が描かれていた。

兵士や船乗り、命知らずの探検家の〝大好物とは言いがたい救命物資〟であった「グルー・スープ」は、わずか３００年で立派なグルメ商品へと変わったのである。

第5章 ◉ スープ東西南北

すべての国には、完成の域に達したスープが少なくともひとつはある。
――ヘンリー・スミス『スープ全書 The Master Book of Soups』（1949年）

世界各国のスープの重要性を扱う本を出すなら、一国につき最低1種類はスープのレシピやそれにまつわる物語を載せるのが理想だ。その総数は、国をどのように定義するかによって変わるが、193（国連加盟国数）から230までのいずれかになるだろう。最低限の193種類としても、間違いなく百科事典なみの厚さの本になってしまう。

スープをきっちり地域別に区分しようという試みは、どのような場合でも無意味で不毛だ。スープは地理や政治ではなく、人間の文化に関わるものである。文化の境界線は、国家の境界線よりもずっと弾力的だ。何千年ものあいだ、文化的につながりを持つ人々の集団は、独自の嗜好や習慣をともなって移動を続けてきた。食習慣も例外ではない。移動先の環境に合わせて利用する食材や料

スープを食べる男の子（パリ、1915年）

理法を改めるのもめずらしくなく、また、新たな隣人と互いに影響し合うのも必至だが、たいていの場合、自慢の伝統料理には、その文化が誰のものなのかを示す独自性が残っている。

地理的な境界線と文化的な境界線は重複する部分があると同時に、つねに変化をしつづけているので、本章では大雑把な一般論を扱うことになる。最初に取りあげる一般論はこれだ——煎じ詰めれば（スープとかけて気のきいたことを言いたくなってしまった。お許しいただきたい）、主食としての意味を持つスープは、歴史的に見ても世界にひとつしかない。昔ながらの基本的な鍋料理はいずれも植物の種子を煮たもので、大きく分けてマメと［マメ類を含めない狭義の］穀物の2種類がある。マメとは莢《さや》のなかに種子をつける植物で、たとえばエンドウマメやレンズマメなどがある。穀物（イネ科植物の種子など）には莢がない。一般的な小麦やオートミール［エンバク（オート麦ともいう）を挽き割りしたもの］のほか、トウモロコシや米も穀物に含まれる。

名称がポタージュ（マメから作る）であれポリッジ（穀物から作る）であれ、種子のスープは農民の主食となる鍋料理だと言えよう。この理屈は言語学研究とも完全に結びついている。先に述べたとおり、ポタージュとポリッジは、同じ言葉が変化したものだからだ。

マメと未精製の穀物［狭義］には、炭水化物だけでなくタンパク質も含まれている。そのため、少なくとも理論上は、人間の基本栄養所要量の多くを伝統的なポタージュやポリッジから摂取できる。これまで見てきたように、緑の葉物野菜やハーブなどの植物をスープに加えるのは昔から一般的であり、薬効の面でも味の面でも効果的だった。ただし、昔ながらの煮込み料理の場合、動物性タンパク質が入るのはよほど運のいいときか、祝いの食事のときに限られていた。歴史を振り返ると、ほとんどの人にとって、動物性タンパク質入りのスープはめったに食べられないものだった。

例外なく世界中のすべての文化は、この最も基本的なスープの作り方をそれぞれ独自に発展させてきた。レシピが文化の歴史をたどる手がかりとなることもめずらしくない。またもや大雑把な一般論にあてはめるなら、いわゆる「旧世界」［コロンブスがアメリカ大陸に到達する以前からヨーロッパの人々が存在を知っていた地域のこと］の基本的なスープのなかには何世紀ものあいだほとんど変化しなかったものがある一方で、「文化のるつぼ」と言われるアメリカには、〝新大陸〟に渡ってきた人々がなぜ、そしてどうやって新たな環境に順応してきたかを示すスープがある。

◉旧世界のスープ

世界のどの国にも、国民食として、スプーンで食べやすいスープ状のマメ料理がかならずあると言ってもいいだろう。レンズマメで作るダール・カレーのないインドなど、想像すらできない。フール（ソラマメで作る）のないエジプトや、フムス（ヒヨコマメで作る）のないモロッコ、ファソラーダ［白インゲンマメなどで作るスープ］のないギリシアや、黒インゲンマメスープのないカリブ海諸国も、やはり考えられない。そして、北ヨーロッパの国民食と言えば、エンドウマメのスープ（もしくはポタージュ）である。

エンドウマメのスープは、旧世界のスープのなかでも別格の存在だ。現在ヨーロッパ人が食べているエンドウマメのスープは、何千年とは言わぬまでも、何百年も前の先祖が食べた料理とほとんど変わらない。エンドウマメはエンドウの種子を成熟させたもので、硬く乾いた小さなマメだ。17世紀に入ると、未熟なまま食べるグリーンピースがオランダの園芸家たちによって作りだされ、しゃれた即席の軽食として富裕層の人気を博した。

エンドウマメのスープはヨーロッパ人にとって絶対に欠かせないもので、歴史も古い。そのため、

「熱いエンドウマメのポリッジ」子供向け絵本『マザー・グースの童謡』より（1919年）

さまざまな形で文学作品や民話、言語に入りこんできたのも当然だろう。エンドウマメのポリッジを題材にした有名な童謡は、長年にわたり民俗学者や料理史研究者の興味をかきたててきた。

エンドウマメのポリッジの熱いの
エンドウマメのポリッジの冷たいの
鍋に入れたまんまで
9日たったエンドウマメのポリッジ
熱いのが好きな人もいる
冷たいのが好きな人もいる
鍋に入ったまんまで
9日たったのが好きな人もいる

この童謡がはじめて文字で記録されたのは1765年のことだ。こうした歌の大半はずっと口頭で伝えられており、最近になるまで文字で記されることはなかったのである。これは、エンドウマメのポリッジが便利だ（大鍋で作って1週間以上もつ）という歌なのか、それとも、もう飽き飽きした（ええ？　またエンドウマメのポリッジ？）という歌なのか。あるいは、醗酵の進んだポリッジを好むような、常人には理解しがたい嗜好の人もいるといった歌なのか。おもしろいことに、1656年に記された水腫の治療法についての文書には、オートミール・ポタージュを9日間食べさせるように、という指示がある。

ハコベとクライダース［アカネ科のヤエムグラの一種］、エール［ビールの一種］、オートミールでポタージュを作るとよい。これを9日のあいだ毎日、新しく作って患者に食べさせれば、健康になるであろう。

かつてのロンドンは、目も開けられないほど臭く黄色い濃霧に悩まされていた。この濃霧は「エンドウマメの夜食《スプ》」と呼ばれ、産業革命の時代から大気汚染防止法が可決された1956年まで、都会暮らしには付きものだった。このエンドウマメのスープのたとえは文学作品にも残ってしまった。チャールズ・ディケンズの『荒涼館』で、この濃霧を「ロンドン名物《パティキュラー》」と記述しているのだ。これは、ロンドンの老舗レストラン「シンプソンズ・イン・ザ・ストランド」が「ロンドン・パティキュラー」と名づけたエンドウマメのスープにちなんでいる。おそらくディケンズは、1671年に書かれた「アルジェのトルコ人と戦う」航海についての詩を読んでいたに違いない。

およそ10日間の天候は
エンドウマメのポリッジ並みにひどい濃霧だった……

エンドウマメのスープは、今も現代ヨーロッパ諸国の食文化にしっかりと根づいている。スウェーデンとフィンランドでは、木曜の夕食にこのスープを食べるのが習わしだ。その伝統の起源は不明だが、エンドウマメのスープは食べごたえがあるので、中世の教会によって義務づけられた毎週金曜日の断食に備えるためだったのかもしれない。

オランダでは、時節にかかわらずエンドウマメのスープが主要な食物として好まれてきたが、1946年以降はコーラス・チェス・トーナメント［オランダのヴァイカンゼーで開催される国際チェス大会］後のディナーにかならず出るようになった。当時は第二次世界大戦の影響で、ヨーロッパの大半が食料不足に陥っていた。飢餓に苦しむ人々もいるなかで伝統的なごちそうを出すのは不謹慎だということで、直後のトーナメントではエンドウマメのスープだけが供されたのである。以来、コーラス・チェス・トーナメントのディナーでは、苦しかった時代を忘れないためにエンドウマメのスープをかならず（コース料理の1品目としてではあるが）出しているのだ。

◉地産地消

かつて「その土地で採れたものを食べること」は理念ではなく、当たり前の生き方だった。そのため、旧世界の多くの地域では、主食のポタージュをマメでなく地元で収穫できる穀物から作っていた。イギリス北部とヨーロッパの農村の主食はオートミールであり、それを食べていた人々の代表と言えばスコットランド人だ。スコットランドの伝統的なオートミールの朝食は「ポリッジ」と呼ばれているが、すでに述べたとおり、ポリッジとポタージュの起源は同じ言葉である。

ただ不思議なことに、スコットランドを代表する2大スープ「スコッチ・ブロス」〔羊肉と野菜・大麦を煮込んだ濃厚なスープ〕と「コッカリーキ」〔ポロネギ入り鶏スープ〕には、かならずしもオートミールが使われるというわけではない。一方、アイルランドの「ブロホン・フォレップ」（ポロネギとオートミールのスープ）やポーランドの復活祭のスープ「ジュレック・ヴィエルカノツヌィ」では、オートミールをかならず使う。

スープとポリッジとの接点は、「グルーエル」という言葉に残っている。グルーエルは救貧院や病院の給食の意味合いを持つスープなので、この先当分、人気が再燃することはないだろう。その語源は古フランス語「グロウ gruau」（挽いて粉にした穀物）だが、現実にはオートミールを指すことが多い。これと似た小麦のポリッジは「フルメンティー」と呼ばれていた。グルーエルもフル

クレソンのスープとダンパー［イースト不使用の丸い平焼きパン］

メンティーも、その内容は千差万別で、救貧院ふうの薄く水っぽいスープもあれば、富裕層がクリスマスに食べるようなスパイスと果物と肉たっぷりのポタージュもあった。次に挙げるレシピはマリア・ランデル著『家庭料理の新体系 *A New System of Domestic Cookery*』（1833年版）から抜粋した裕福な病人向けの上等なグルーエルで、スープとポリッジと甘いプディングの接点にある料理だ。

◎大麦のグルーエル

精麦した大麦4オンス［113グラム］を洗う。これにシナモンスティック1本を加え、2クォート［約2・3リットル］の水で煮る。水分が半分になるまで煮詰まったら濾して鍋に戻し、砂糖とポートワイン1/3パイント

［189ミリリットル］を加える。
加熱し、必要に応じて使う。

その昔、「スープ」と、スープをつけて食べるためのパン「ソップ」は同じものだった。このつながりは、今も消えずに残っている。スープの付け合わせとしてクルトンを上に散らすことはめずらしくないうえ、オニオングラタンスープにはトーストしたパンの薄切りとチーズを入れることが多い。ヨーロッパには現在もなお、スープとサンドイッチで夕食を軽くすませることにこだわる文化も残っている。また、ドイツには「シュヴァルツブロートズッペ」（黒パンのスープ）、ロシアには「オクローシカ」［生野菜の冷製スープ］がある。イタリアのトスカーナ地方の「パッパ・アル・ポモドーロ」は、パンと完熟トマトがみごとに調和した料理だ。

野菜はいつの時代もスープに欠かせない材料だった。地域によっては、野菜が主役のスープもある。ヨーロッパ原産で、昔から欠かさず利用されてきた主要な野菜のひとつがキャベツだ。第1章でふれたイングランド最古の料理書『料理集』には「カボシュ［キャベツ］のポタージュ」のレシピがある。

◎キャベツのスープ

キャベツを4つに切る。ポロネギの白い部分と玉ネギをみじん切りにする。切った野菜を上等なブロスで煮る。サフランと塩を加え、甘いスパイス・パウダー［砂糖とシナモン、ナツメグ、クローブ、カルダモン、メースなどを混ぜ合わせた中世のスパイス］で風味づけをする。

キャベツは現在もよく使われ、フランス南西部の「ガルビュール」［キャベツとベーコンを煮込み、古くなったパンとチーズを加えたスープ］やドイツの「コールズッペ」［ひき肉あるいはベーコンをキャベツやジャガイモなどと一緒に煮込んだスープ］に欠かせない材料だ。しかし、キャベツを本物の主役として扱うのは、ヨーロッパのスラブ諸国である。ロシア流キャベツ・スープ「シチー」の重要性は、「よいシチーがあれば、ほかには何もいらない」「シチーとカーシャ（ソバの実をはじめとする穀物の粥）は我らが食物」などといった古い格言にも現れている。

シチーの材料は新鮮なキャベツもしくは醗酵させたキャベツ（ザワークラウト）だ。ザワークラウトを使えば、酸味の効いたシチーになる。醗酵させたキャベツを使うというのは、スラブ諸国に特有のやり方だ。この地域の人にとって醗酵とは、スープ作りに必要なひと手間であり、鍋の中身を捨てるべきかどうかの判断基準ではないのだ。

19世紀後期のイギリスではロシア料理が流行し、それ以来「ボルシチ」は、本場以外でも不朽の

サワークリーム入りのボルシチ

人気を誇るスープになった。最近ではボルシチの起源はウクライナと考えられているが、ポーランドとロシアも自国の料理だと主張してやまない。今日の料理書には、さまざまな種類のボルシチが載っている。どろりとしたものもあれば、さらりとしたものもある。野菜だけを使うレシピや、肉を入れるレシピもある。具の少ないもの、ぜいたくなもの、温製、冷製など多くの種類があるうえ、サワークリームを添えるかどうかでも違ってくる。

今では材料にビーツを使うのが常識とされているが、はたして本当にそうなのだろうか？　1808年の旅行記には、ボルシチは「挽き割り穀物と野菜のスープで、ロシア人の大好物。かなり酸っぱい。ボルシチというニンジンを一緒に煮込むことから、その名がついている」とある。確かに、ロシア語の「ボルシチ」はパースニップ［セリ科アメリカボウフウ属の植物］に似たニンジンの仲間の植物［セリ科のハナウド］を指す言葉だ。本来は、これが最も重要な材料だったのかもしれない。伝統的なレシピには、新鮮なビーツだけでなく、ビーツを醱酵させた汁が使われることも多い。

スープが酒ともつながっていることを証明するかのように、ボルシチに「クワス」を加えるレシピもある。クワスは醱酵させたライ麦パンから作る飲みもので、先に挙げたロシアの冷製スープ「オクローシカ」には欠かせない材料だ。

さらに北のスカンジナビア諸国は、ヨーロッパとアジア［ここではロシアはアジアに含まれる］が出会う地域だ。これまで見てきたとおり、このような寒冷地ではエンドウマメのスープが広く好まれている。しかし意外にも、冷製スープの人気も高い。これについては次の章で述べることにしよう。スカンジナビア諸国の地理を考えれば、魚のスープが料理の主体となるのは当然だ。１８３７年、ひとりのイギリス人旅行者が、ノルウェーでのディナーについて次のように記述している。

最初に出てくるのは、決まってスープだ。ノルウェー料理には、スープがきわめて多い。ここでは、ありとあらゆるものをスープにする。狩りの獲物をはじめとする肉のスープや、野菜だけのスープ、野菜と肉のスープ、魚のスープなど、さまざまだ。魚のスープは、料理人の腕の見せどころだ。どの種類のスープにも団子がごろごろ入っている。この団子は、イギリスのラスクに似た硬いビスケットを砕き、バター、とき卵、牛乳、ナツメグなどと混ぜて作る。ノルウェー人にとって、団子なしのスープは、とても食べられたものではないらしい。

何世紀ものあいだ陸上・海上交易路の要衝だった南ヨーロッパでは、スープの物語もまったく別物だ。これについては本章の後半で述べることとしよう。

◉文化のるつぼアメリカ

アメリカはまぎれもなく、近代初の大いなる文化のるつぼである。ここでも大雑把な一般論を述べるならば、アメリカのスープにはヨーロッパの文化遺産がはっきりとうかがえる。しかし、歴史の魔神は細部に宿るのだ。

南北アメリカの4大スープは、これだけでもちょっとした歴史の授業ができるほどのしろものだ。4大スープのうち、トマトスープとコーンスープには、南北アメリカ原産の材料が使われている。そして、ガンボ［オクラのスープ］とペッパーポット・スープ［カリブ海諸島の先住民に由来するスパイシーな野菜スープ］のレシピは、南北アメリカに移り住んだ人々（自分の意思で来た開拓移民と、意思に反して連れてこられた奴隷）の文化を伝えている。また、トマトスープの缶詰の種類がずば抜けて多いという事実は、19世紀アメリカの商工業の飛躍の証である。

氷の切り出し職人向けスープハウス。ジョージ・グランサム・ベイン撮影（1910年頃）。

アメリカの田舎で牡蠣スープを食べる人々（1887年、エングレービング）

現在、世界で最も広くスープに用いられている野菜はトマトと言って間違いないだろう。だがトマトがスープに用いられるようになったのは、ごく最近のことだ。新世界の食物であることは議論の余地もないが、一般的な思いこみとは異なり、古代から原産地全域で食べられていたわけではない。中米のごく狭い地域に限られていたのだ。1520年代、トマトはコンキスタドール［16世紀にメキシコとペルーを征服したスペイン人］の帰国にともないヨーロッパに持ちこまれたが、ジャガイモと同じで（チョコレートとは違って）、すぐには普及しなかった。毒や催淫物質が含まれているのではないかと恐れられたからだ（トマトは当初「愛のリンゴ」と呼ばれていた）。

19世紀半ばのアメリカではすでにトマトが広く用いられるようになっており、当時の料理書にも多くのトマトスープのレシピが掲載されていた。缶詰産業も成長していた（南北戦争景気で売り上げが伸びた）。トマトの缶詰は、特に早くから売れていた商品だ。1840年代に生まれた缶入りトマトスープは、1860年代の技術開発で製造スピードが上がり、製造量が劇的に増えた。これとは対照的に、イギリスでは「愛のリンゴ」について説明する必要性を感じたのか、イザベラ・ビートンが家事の手引書『『家政読本』』（1861年）にいくつかレシピを載せているものの、そこにトマトスープのレシピはなかった。

ハインツ社は、はじめて缶入りトマトスープを作った会社ではない。だがハインツ・トマトスープは、アメリカよりもむしろイギリスの家庭で大人気となった。BBC放送の2008年のテレ

トマトスープにコリアンダーの葉を添えた美しい一皿

ビ番組で、人気料理ベストテンの第7位に選ばれたほどだ。別の調査によると、これまた皮肉なことに、イギリス人はチキンティッカマサラというインドふう料理が大好きであるということがわかった。チキンティッカマサラは、チキンティッカ（窯で焼いたチキン）がぱさついているので「グレービー」をかけてほしいという客の注文から生まれたとされている。このとき料理人はチキンティッカを厨房に戻し、その上から缶入りトマトスープを1缶全部かけ、さらにスパイスを加えたという。その結果、料理の歴史に何が起きたかは見てのとおりだ。

トウモロコシは新世界から旧世界への最高の贈り物と言えるだろう。コロンブスが1492年にアメリカを「発見」するより何千年も前から、中南米の先住民はトウモロコシを栽培していた。

キャンベル・チキンヌードルスープの広告（1936年）

それから数百年とたたないうちに、さまざまな種類のトウモロコシのスープが生まれた。そのひとつが「チャウダー」である。これはヨーロッパの料理名にもとづく米語で、フランスでは本来、魚のスープを指すものだった。しかしアメリカでは、とろみのあるクリーミーなトウモロコシのスープを指すようになった。もちろん、アメリカ先住民は、コロンブスよりもずっと前の時代からトウモロコシでスープを作っていた。先住民から伝わる本物のトウモロコシスープ「ポソレ」の作り方は、レシピの章を参照してほしい。

ガンボはスープ、もしくは汁気の多いシチューで、ルイジアナを中心とする合衆国南部でとても好まれている。料理人の数だけガンボの種類があると言ってもいいほどだが、オクラもしくはフィレ・パウダー（サッサフラス）独特の粘りがあるのが共通の特徴だ。

ガンボは、アメリカの奴隷売買の遺産として語られることが多いが、ほかからの影響も受けていたようだ。通説によれば、ガンボの語源はバントゥー語「ンゴンボ」で、これは元々アフリカ出身の奴隷によって持ちこまれた植物「オクラ」を指す言葉だった。新たな土地でもオクラに似た粘りを出すため、新大陸原産のサッサフラスの葉を粉にしたものが用いられたという。この技術はアメリカ先住民に習ったものだ。おもしろいことに、サッサフラスを意味するチョクトー族の言葉は「コンボ」で、ガンボと響きが似ていなくもない。

18世紀後半のルイジアナという文化のるつぼで、他国（特にフランスとスペイン、西インド諸島）

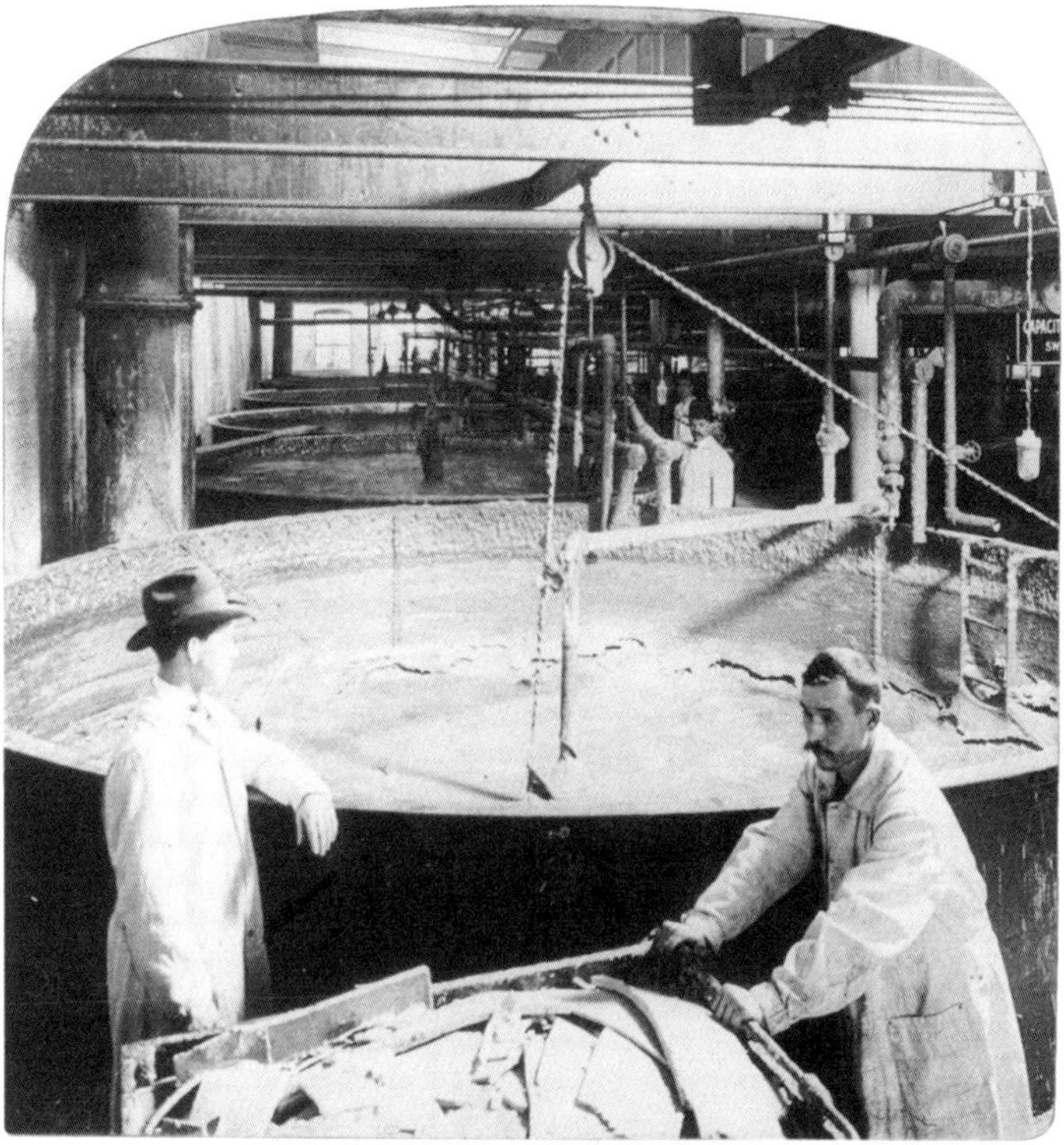

シカゴの食肉加工場の巨大なスープ鍋（1906年頃）

からの移住者がガンボの概念に独自の味つけを加えたのは間違いない。たとえば、ルーを使うレシピがわずかにあること、魚介類のガンボもあること、そしてほぼ例外なくトウガラシを入れることは、ほかの文化からの影響だ。1803年にフランスがルイジアナを売却したとき、ガンボはすでに人気料理として不動の地位を確立していた。1803年12月の正式な譲渡からわずか数日後、ニューオーリンズの盛大な社交パーティーで24種類のガンボが供された。

フィラデルフィア・ペッパーポットはスパイシーでからく、とろみのあるスープで、伝統的に牛の第1胃と第2胃から作る。ペッパーポット・スープの起源については、おもしろいが眉唾もののの言い伝えがある。この言い伝えでは、1777年12月29日に生まれたスープだと、日付まではっきりしている。このときジョージ・ワシントン指揮下の大陸軍は、フィラデルフィアでイギリス軍を撃退できず、バレーフォージまで撤退して真冬の野営をおこなっていた。兵士たちは恐ろしい寒さと飢えに悩まされ、また、いつ反乱が起きてもおかしくなかった。ワシントンは「兵士の体を温め、力をつけ、衰えつつある鋭気を鼓舞するために」、なんでもいいから材料を見つけてスープを作れと命じたという。そうして作られたスープを食べた兵士は当然のごとく元気を取り戻し、ついにイギリス正規軍を打ち破った。こうしてペッパーポットは「戦に勝ったスープ」になった、というのである。

もちろん、現実はずっと平凡だ。ペッパーポットの起源は西インド諸島で、裕福な農園主たちや彼らの奴隷を経由してフィラデルフィアに伝わったらしい。1720年、トーマス・ブラウン氏がスパイシーでからいペッパーポットについて雄弁に語っている。

この汗ばむ地方では、からいソースを多用するのが習わしだ。きわめて美味で、口を焼くほどからいペッパーポットという名のスープは、悪魔のブロスの一種である。西インド諸島でよく食べられており、最初にテーブルに運ばれてくる料理だ。

◉アラブの影響

言うまでもなく、文化の交流には遠く離れた大陸への航海が必要不可欠というわけではない。異文化がはじめてぶつかり合ったのは、9世紀から11世紀にかけて、イスラム帝国がヨーロッパに拡大したときだ。アラブの新しい文物が数多くもたらされたヨーロッパ南部は、アラブ料理からも大きな影響を受けた。地中海地域は、すべてのスープ地帯のなかでも最高の場所だった。ヨーロッパとアラブの影響が混じり合い、主要な交易路上に位置し、陽光降りそそぐ温暖な地中海地域では、さまざまな食材が手に入るため、無数のスープが生まれた。そのレシピはあとで紹介しよう。

ギリシアの「アヴゴレモノ」は、ヨーロッパとアラブの食のアイデアが融合した極上のメニューだ。要は卵でとろみをつけたレモン味のチキンブロスで、ソースにもスープにも使える。レモンはアラブ世界から西洋への贈り物だ。同じような料理に、トルコの「テルビエリ・チョルバ」やエジプトの「ショルバ・ビル・タルビヤ」がある。

移住や入植、植民地統治のなかで、重要な情報が翻訳の途中で失われることは避けられない。特に興味深い例が「イタリアの結婚式のスープ」である。これは多くの書籍やインターネットのサイトで「伝統的な」スープとして繰り返し紹介されているが、ある年を境に、それ以前の文献から消え失せてしまう。スープ自体は見つけられるが、「結婚式のスープ」の名称が見つからないのだ。イタリア語でスープを意味する言葉のひとつは「ミネストラ」（もうひとつは「ズッパ」）である。薄い（小さい）スープが「ミネストリーナ」で、濃い（大きい）スープは「ミネストローネ」となる。肉や野菜などの材料をうまく合わせたスープは「マリターニ」（結婚した）という。このミネストラ・マリターニを、どこかの誰かが「結婚式のスープ」と翻訳してしまったのだ！

◉植民地世界

他国を侵略するときのおもな戦術は、国民の支配と天然資源の搾取である。近代、こうした戦術の末に何が起きたのかは、アフリカ大陸の悲劇を見れば一目瞭然だ。19世紀に分割されてヨーロッパの植民地となる以前、アフリカは採集狩猟生活を営む多くの部族の大陸で、国境という概念もなければ国境線を引く必要性もなかった。広大な面積を誇るアフリカ大陸では、食物の地域差もきわめて大きい。アフリカ料理は、ほんのわずかな文章でまとめられるものではない。

当然ながら、「アフリカ料理」の多くは、侵略国の料理と密接にからみあっている。「アフリカのスープ」をネットで検索してみると、落花生（ピーナッツ）スープのレシピが無数に出てくる。しかし落花生は中南米原産で、落花生スープは、アフリカを植民地化したポルトガルの遺産なのだ。

とはいえ、その土地で手に入るものを使った鍋料理は、言うまでもなく日々の家庭料理の中核をなす。いくつか例を挙げれば、ワイルドマンゴー［マンゴーに似た果実をつけるアーヴィンギア科の植物］を使ったナイジェリアの「オグボノ・スープ」や、メロンの一種の種子を粉末にしたものでとろみをつける西アフリカの「エグシ・スープ」、ヤシの実を使ったカメルーンの「ムバンガ・スープ」などがある。

今、アフリカのスープは科学者の注目を集めている。これは薬用スープの概念が現在もなお息絶えていないという証拠だ。東アフリカのマサイ族は、肉とミルクを多く摂取する食生活にもかかわらず、心疾患にかかる率が低いことで知られている。マサイ族は、アカシア属の一種の植物が強く勇ましい体を作ると考え、苦い樹皮で作ったスープをひんぱんに食べる。これを含め、マサイ族のスープの材料となる植物は、サポニン（コレステロール低下作用があると考えられている化合物）

を多く含むという。

◉東西の分裂

スープ界の大分裂は、東洋と西洋（稲作地域と畑作地域）のあいだで起きた。レシピ自体にたいした差はない。いずれも、多くの水でデンプン質の主食を煮込み、手に入った食材や好みの食材をなんでも加える、といった手順だからだ。しかし、食事におけるスープの役割は、東西で大きく異なる。

『主人と客から——正餐ならびに正餐の主催、ワイン、そしてデザートの書 *From Host and Guest, a book about dinners, dinner-giving, wine and desserts*』（１８６４年）の記述「……スープは世界中にあり、大食家のアルファベットの第1文字だ……」は大きな誤りだった。西洋に限るならば、この記述は間違いではない。スープは食事の最初に出る料理で、「途中」には決して出ないものだからだ。また、どのような形であれ朝食には「絶対に」出ない。しかし東洋では、スープの役割はまったく異なる。このことが、はじめて東洋を訪れた欧米人を大きく困惑させた。

ユリシーズ・グラント将軍［１８２２〜85。南北戦争北軍の将軍および第18代アメリカ合衆国大統領］が１８７９年に長崎を訪問したとき、このうえなく盛大で豪華な饗宴が催された。グラント一行は、

新鮮なハーブとトウガラシの入ったアジア（タイ）のスープ

なじみのない料理と箸に戸惑いながらも、おおむね満足したらしい。だが、ひとりだけ外国恐怖症を克服できなかった人物がいたようで、彼は7種類もの煮物や汁物を口にしておきながら、スープばかりで退屈な食事だったと述べている。

鯉とキノコと香草のスープが出た。しかしこれは、日本人以外の誰にとっても、スープとしては遅すぎる。日本人の消化器官は、アメリカ人とはまったく異なる物質でできているらしい。続いて魚料理が出た。ここでのディナーは、アメリカ人が心得ているディナーとは、まったく別物のようだ。その次に出てきたヒバリには、小麦粉の生地を薄く焼いたものとグルーエルが添えてあった。

さらに、蕎麦とナスのスープが出た……しかし、この古い寺院での奇妙なディナーについて語ることは、料理そのものにも劣らぬほど退屈であろう。どれほど退屈だったかというと、スープばかり7種類も出たという事実ひとつからも推察できるに違いない。それなのにこの国では、スープのお代わりを頼むことさえ無礼とみなされるのだ……。

西洋では、両手つきの小さなデミタスカップ入りブイヨン以外、スープは「飲む」ものではなく、スプーンで「食べる」ものだ。一方、東洋では、スープの具を箸で食べたあと、器に直接口をつけて汁を飲むのが正しい作法である。澄んだブロスふうのスープも飲みものなので、食事の最中はいつでも、器から直接飲んでもかまわない。

日本では、スープはまさしく日常生活の中核となるものだ。スープのない食事など、米のない食事のようなもので、まったく考えられない。中国と同じで、日本のスープには濃いものと薄いものの2種類があり、食事の際の役割がそれぞれ異なる。とはいえ、どちらも、いかにも日本らしく繊細さを重視しながら仕上げる料理だ。一杯のスープはまさに細密画であり、四季を反映し、風味と色彩の対比に細心の注意を払っている。薄く透明なスープ「吸いもの」は、文字どおり「飲むもの」という意味だ。これは蓋つきの上品な漆塗りの器で出てくる。この蓋は熱を逃がさないだけでなく、視覚的な楽しみを演出する役割もある。蓋を取った瞬間、慎重に選び抜かれた一口サイズの具が3つ現れるのだ。

味噌汁は、日本で最も一般的な濃いスープだ。味噌汁の種類はさまざまだが、いずれも昆布や鰹節から取った出し汁と味噌が基調である。味噌汁は一般家庭で昔から朝食として飲まれているほか、正式な宴席にも伝統的に供される。

日本と同様、中国でも、スープは日常生活の中心だ。そしてここでも、スープは飲みものとして扱われるほか、毎回の食事の中核にもなる。グラント将軍は周遊の旅の途中で中国にも立ち寄っており、1879年5月に広東総督邸で豪華な宴会が催された。ここでも一行は――そのうち数名はこの宴会について、やっかいな箸を使う「退屈な食事」だと述べている――何種類ものスープを口にした。これには中国でも特に名高く、とかく物議を醸す2大スープが含まれていた。燕の巣のスープとフカヒレのスープだ。

燕の巣のスープはとてつもなく高価な珍味であり、重要な宴席で供される。燕の巣は昔から貴重な漢方薬だった。長年にわたって西洋人を困惑させてきた不思議なゼラチン質の正体は、インドネシアの断崖に巣を作るアマツバメの一種が唾液腺から出す特殊な分泌物である。巣の採集は危険をともなう作業だ。また、採集業者は、巣が多く採れる穴場を絶対に口外しない。誰にも知られないよう、ひとりで燕の巣を採ってくることについて、19世紀半ばの西洋人はこう述べている。「燕の

路上でフォーを食べる人。ベトナム、ハノイ（1989年）。

フカヒレのスープ

巣を食べる習慣が生まれたことは、これを採取する忍耐力に次いで非凡である」

　フカヒレのスープも富の象徴であり、中国では少なくとも中世以来ずっと重要な薬膳料理だった。フカヒレも本質的には味がないものの、ゼラチン質の食感が好まれている。だが最近、フカヒレのスープが議論を醸すようになってきた。野生生物の保護団体は、経済発展にともなう需要の増大により数種のサメが減少したと訴えている。さらに、「フィニング」という残酷な漁法も議論の的だ。これは生け捕りにしたサメのヒレだけを切りとって残りを海に捨てるという漁法で、泳げなくなったサメはやがて死んでしまう。

　スープの扱いに関する東西の最も大きな違いは、朝食時に現れると言ってもいいだろう。ヨーロッパでは、スープが朝食に出ることは絶対にない。だが多くのアジア諸国では、標準的な朝食としてグルーエルに似た

中華粥（米のスープ）

米の粥を食べる。米の粥は西洋では「カンジー」と呼ばれており、その語源はタミル語で重湯《おもゆ》を意味する「カンチー」だ。つまり、カンジーという呼び方は大英帝国のインド文配の遺産なのである。したがって、アジア諸国の米の粥を総称する「英語」であり、アジア諸国の言語による名称ではない。たとえば中国では米の粥を「ジュク」といい、タイでは「カオトム」、フィリピンでは「ルガオ」という。基本の米の粥にも無数の種類があり、状況に応じて食材を足してもよい。米の粥は朝食の主役のみならず、副食にもなる。また、幼児や老人、病人向けの食事のほか、寺院への供物としても用いられる。

◉南極のスープ

世界のスープの総括として、元々人類が住んでおらず、各国の人々が一時的に滞在するだけの大陸のスープで締めくくることとしよう。

南極名物のスープは、北極で食べられていたフーチと同じものだ。「フーチ」も北極で生まれた名称で、本来は密造酒を意味するアラスカの俗語である。だが多くの言葉の例にもれず、当初とは異なるものも指すようになり、やがて別の大陸へと持ちこまれた。『南極辞典 *The Antarctic Dictionary*』では、次のように定義されている。

ソリでの遠征やその他の野外調査の際に食べる、熱く汁気の多いシチュー。通常はペミカン〔乾燥肉を砕き、果実や脂肪を混ぜて固めた北米先住民の携帯食〕などの肉（場合によっては馬肉や犬肉）と水から作り、ビスケットやオートミールでとろみをつける。カレーやオニオンパウダーで風味を加えることもある……。

つまり、ペミカン・フーチは極地の鍋料理であり、朝食と昼食、夕食、そして夜食はいずれも「フーチ・タイム」となる。フーチは、探検隊の食料が底を突きかけたときの非常食でもあったが、夏至祭（南極ではクリスマスのことをこう呼ぶ）を祝う料理でもあった。

すべての基本のスープと同じで、フーチも材料を選ばない。

フーチには、あらゆるものが入る。粉ミルク、アザラシの脂肪、ペンギンの肝臓、海鳥、ドライフルーツ、シェリー酒やブランデーやココア、そして犬橇《いぬぞり》の犬肉さえも。

「フーチ」は、空腹が世界最高のソースとなること、そしてどのような材料でもスープに使えることを示す料理だ。また、安らぎをもたらす世界共通の食物が存在するならば、それはスープだという有力な証拠でもある。

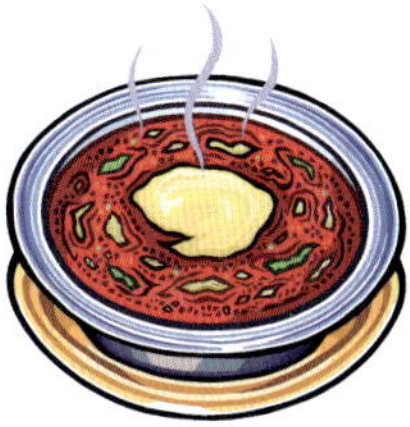

第6章◉スープこぼれ話

イモリの目とカエルの指先、コウモリの毛と犬の舌、マムシの舌先と盲蛇の牙、トカゲの脚とフクロウの翼、苦労と苦悩の呪いをこめて、地獄のブロスを煮立たせろ。

——ウィリアム・シェイクスピア『マクベス』

地理的背景や文化的背景では区分できないがために、これまでの章では取りあげられず、かといって省略することもできないという興味深いスープがある。シンボルや象徴となったスープ、名声や悪名を得たスープのほか、特におもしろい逸話を持つスープも少なくない。本章では、そうしたスープを取りあげることとしよう。

優雅な銀のスープ鉢（1851年）

◉破格のスープ

スープは、食料庫や冷蔵庫の最奥にひそんで忘れられた残骸の墓場となることがある。過去にも、突拍子もない材料でスープが作られたことがあった。エカチェリーナ2世［1729～96。ロシア女帝］の「パーチ［スズキ目の淡水魚］のフィレのスープ」には、パーチをはじめ何種類もの魚のほか、キノコ、ハーブ、ザリガニのすり身団子、ザリガニ・バター、カワメンタイ［タラ科の淡水魚］の肝臓、鯉の卵、そしてシャンパン丸ごと1本が入っており、最後につなぎとしてザリガニ・バターと12個の鶏卵を加えたうえ、付け合わせにアスパラガスの穂先がたっぷり添えてあった。

歴史上、最も高額とされているスープは、18

世紀に歌劇場オペラ＝コミック座の支配人が考案した「カメラーニふうポタージュ」だ。フランスの有名な美食家グリモ・ドゥ・ラ・レニエール（1733〜93）はこれについて「たいそう値が張るものの、およそ口にできるスープのなかでは最高級であり、まさしく比類なき美味であった」と述べている。実際、きわめて高額で、スープ鉢1杯で4ポンド（今日の約260ポンドに相当）以上もした。その値段に恥じないスープだったようで「……『スプーン1杯で口は至福の喜びに包まれる。1滴でも舌に残っているあいだは舌神経が酔いしれ、その他いっさいの感覚が失せてしまう』と評判だ」。

◎カメラーニふうポタージュ

このスープを完璧に作るには、本物のナポリのマカロニと最高のパルメザンチーズ、芳醇なオランダのバターを用意しなくてはならない。若い雌鶏のレバー2ダースとセロリ、カブ、パースニップ、ポロネギ、ニンジン、パセリ、早採り玉ネギも必要だ。

レバーを細かく切る。セロリと湯がいた鉢植えハーブをきざみ、レバーと一緒にバターでじっくりと煮込む。そのあいだにマカロニを12分ゆでる。白コショウと上等なスパイスで風味づけをして、ざるにあける。

耐熱皿にマカロニを少し広げ、その上にきざんで煮込んだレバーを散らす。さらに、粉状に

白鳥型スープ鉢

ファイアンス焼のスープ鉢

おろしたパルメザンチーズをかける。この順番で、耐熱皿いっぱいまで繰り返し材料を重ねていく。最後はパルメザンチーズで締めくくること。

耐熱皿を熾火のなかに置き、弱火で1時間ゆっくり加熱する。

――『料理人と主婦の手引き *The Cook and Housewife's Manual*』（1847年）

◉ディルグルー

ディルグルーはイギリスの戴冠式と密接に結びついた「ポタージュの一種」だ。1066年から、ジョージ4世が即位した1821年まで、戴冠式には欠かせないものだった。

ディルグルーの「会食の儀」は、戴冠式の当日、サリーのアディントン荘で催されるならわしだった。この会食は、屋敷の賃料のようなものだったと言える。伝えられるところによると、1068年に征服王ウィリアム［1027〜87。ウィリアム1世］の后マティルダの戴冠式で王宮料理人トゥズランの作ったスープは、両陛下におおいに喜ばれた。そこで王は、その後の戴冠式でもずっと同じスープを作らせる代わりに、アディントン荘をトゥズランに与えたのだという。

ディルグルーは「一種独特の料理で、作り方は不明」だが、わずかに残っている手がかりから、だいたいの見当がつく。どうやら、アーモンドミルクと去勢鶏の肉のポタージュに、砂糖とスパイ

フランスの銀のスープ鉢（1800年代頃）

スで味つけをしたものらしい。これに近いと思われる15世紀初期の「バードルフ」（バードルフ家はしばらくのあいだアディントン荘を所有していた）のレシピを以下に挙げよう。

アーモンドミルクとヴェルナッチャ［イタリア産の白ワイン］を混ぜて火にかけ、細かく切った去勢鶏の肉を入れる。そこに砂糖と丁子（クローブ）、メース、松の実、そしてショウガをきざんで入れる。雌鶏の肉を湯通しして皮をはぎ、切り分けて2に入れる。鍋を火から少し離し、少量の酢に溶いたショウガの粉と、少量のローズウォーターを加える。そのまま吊るしてポタージュを煮込んだ後に供するとよい。

――『アルンデル写本 *Arundel MS*』

スープ用に運ばれてきたウミガメ。ロンドン、1909年。

◉ウミガメのスープ

歴史上、ウミガメのスープが脚光をあびたのは短期間にすぎないが、そのイメージはいつまでも残った。1750年代にイギリスに持ちこまれたウミガメは、当初は高級珍味だったが、わずか150年で宴会に不可欠な食材となったあげく、文字どおり消滅した。特記すべきは、ウミガメのスープはロンドンのディナーの象徴となり、1761年から1825年までのロンドン市長の昼餐会でかならず出たことだ。ウミガメが絶滅の危機に瀕したのは、長年にわたって市会議員やロンドンの大物たちが食べ続けたからだと言っても間違いではないだろう。

ウミガメの需要は、このうえなく大きかっ

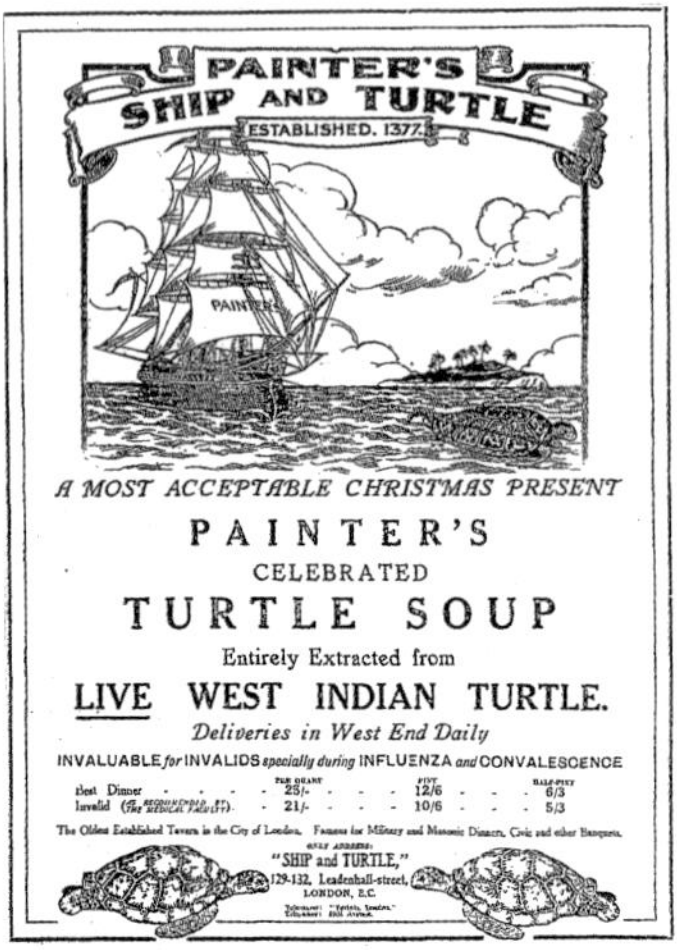

イギリスの新聞に掲載されたウミガメスープの広告

た。1年に最高で1万5000匹ものウミガメが、巨大な専用水槽で生きたまま西インド諸島からイギリスへ運ばれてきたという。1808年の文献によると、「宴では通常、生きたウミガメの肉をひとりにつき6ポンド［約2・7キロ］ふるまった。1808年8月にロンドン亭［大火のあと1765年に再建された旅館。上質の食事を提供し、350名以上の客が宿泊可能だったことで知られる］で催されたスペイン・ディナーでは、400人の招待客が2500ポンド［約1134キロ］ものウミガメを食べた」。

ウミガメはゼラチン質で食感がよかったため、はるかに安価な子牛の頭を用いた「偽ウミガメ」がすぐに作られるようになった。さらに1800年代初頭には、子牛の頭で作る「偽ウミガメの

ジョン・テニエルが描いた偽ウミガメ。ルイス・キャロル『不思議の国のアリス』より。

スープ」のレシピも生まれた。偽ウミガメ自体も人気となり、同じ宴会で本物のウミガメと一緒に供されることさえあった。ウィリアム・キッチナー著『料理人の聖書 *Cook's Oracle*』（１８１７年）には、偽ウミガメの概念をさらに発展させたレシピがある。「バーチ氏、コーンヒル氏による非常にすぐれた人気の（缶入り）偽ウミガメに似せた」「偽・偽ウミガメのスープ」だ。

ウミガメスープのレシピは複雑だった。ウミガメはとても大きいうえ、生きたまま運ばれてくる。そのため、レシピはウミガメの殺し方についての記述から始まる。ウミガメスープを作るのも、プロの料理人ばかりだった。しかし19世紀後半にはウミガメの干し肉が市場に出回り、家庭でもウミガメスープの体裁を取り繕えるようになっていた。ただし、干しウミガメは評判のよい業者から買わなくてはならない。「黒人が見つけたウミガメの死体で作った粗悪な干し肉が……安く売られている」場合があるからだ。また、ウミガメではなく、安物の干しアナゴを摑まされることも少なくなかった。

◉マルガトーニ

18世紀後半以来、英領インドから植民者が帰国したことによって、イギリスでマルガトーニ・スープの人気が非常に高まった。「マルガトーニ」の語源は「コショウ水」を意味するタミル語だ。

このスープは香辛料の効いた「カレー」で、アングロ・インド料理のひとつであり、大英帝国のインド占領の遺産とも言うべき料理である。これは、ふたつのアイデアが結びついたことで生まれたものらしい。まず、コース料理の1品目はスープでなくてはならないという、イギリス植民者の奇妙なこだわりがあった（インド料理には、食物が順を追って運ばれてくるといった要素はない）。困り果てたインド人の料理番たちは薬用の「コショウ水」で、植民者の要求に近い料理を作ったのだ。

マルガトーニについては、またしてもウィリアム・キッチナーが忠告と助言を残している。「高級なスープで、われらが東インドの盟友もおおいに気に入っている。入手できたなかでも最高のレシピをお教えしよう……このカレースープの名がもっと広まっていたならば、目新しさも薄れ、こよなく愛された偽ウミガメの人気を奪うこともなかったであろう」

◉スパルタの黒スープ

古代ギリシア時代のスパルタは兵士の強さで知られていた。その兵力は、厳格な教育制度と、いっさいの安らぎを拒絶する生活、さらには、常食としていた「メラス・ゾーモス」（黒スープ）の賜物だった。

伝えられるところによると、黒スープは豚の血と肉と酢から作ったもので非常に味が悪く、これを食べて育った者でなければ口にすることもできなかったという。そして、スパルタ兵が勇敢に戦えた秘訣は、黒スープの途方もない栄養価ではなく、味の悪さにあったらしい。「あるシュバリス人」は、このスープを味見したあと、こう語ったという。

なぜスパルタ兵が嬉々として死に赴くのか、ついにわかった。死んでしまえば食物は不要だ。黒スープを食べずにすむからである。

そんなささやかなプロパガンダも、スパルタの勇名に傷ひとつつけることはなかった。スパルタ人みずから黒スープ伝説に拍車をかけたと考える歴史家もいる。

血のスープを考案したのがスパルタだけではなかったことから、この伝説の影は薄れた。血のスープは世界中にあり、ポーランドの「チェルニナ」（ガチョウの血）やスウェーデンの「スヴァットソッパ」（ガチョウもしくは豚の血）、ポルトガルとゴア［インド南西岸の旧ポルトガル領］、ブラジルの「サラパテル」（豚の血）、ベトナムの「ティエト・カン」（アヒルもしくはガチョウの血）などが挙げられる。

アルファベットスープ

◉アルファベットスープ

アルファベットスープの扱いは難しい。この名称は、欧米政府の各部署がアクロニム［複数の単語の頭文字をつなげた略語］を過剰に使用していることを揶揄するのにも使われるからだ。それと同時に、小さな文字型で抜いたパスタのスープそのものでもある。

はっきりしているのは、このスープがアメリカで考案されたらしいということだ。1900年1月19日、ニューヨークの「オー・リオンドール・ホテル・アンド・レストラン」のメニューに「コンソメ・アルファベット」がお目見えした。その後10年間、アルファベットスープはアメリカの料理書にたびたび載るようになった。もっとも、『シカゴ・

ヘラルド・クッキングスクールの料理書*The Chicago Herald Cooking School*』（１８８３年）の「イタリアの練り生地のコンソメ」には、「マカロニと同じ生地を文字のような装飾的な形に抜いたアルファベットパスタ」など、小さいパスタであればなんでも使ってもよいと書かれている。

おもしろいことに、わたしの知るかぎり「アルファベットスープ」を比喩として用いた最初の記述も１８８３年のものだった。雑誌「ライフ」の創刊者ジョン・アメス・ミッチェルが息子にビジネスのアルファベットスープ（ＡＢＣ）を教えたという記述だ。

◉死のスープ

スープには癒やしの要素が大きいため、これで命を落とすというのは、ことのほか痛ましい。もちろん、スープによる不慮の死というのは実際にある話だ。スープに細菌が混入したり、うっかり毒キノコを入れたりする事故はめずらしくない。だが、殺意を持って毒入りスープを食べさせることは、料理を使った謀略のなかでもとりわけ恐ろしいものと言えるだろう。

精神を病んでいた可能性のあるスウェーデン王エリク14世は、１５６８年に弟ヨハン３世の命令によって毒入りのマメスープで殺害されたという。その動機を推察するのは、そう難しいことではない。４００年後にエリク14世の遺体を調査したところ、大量のヒ素が検出された。ヒ素入り

嵐をこしらえる魔女たち。木版、1500年頃。

スープは、連続殺人犯エレーヌ・ジュガード（1801～52）が選択した方法でもある。ジュガードはフランスの女中で、自身の家族を含めて23～36人を毒殺したと信じられており、逮捕後ギロチンで処刑された。2004年、インドネシア副大統領の毒殺未遂事件の際にもヒ素スープが使われたという。だが、このときの犯人の手際はあまりよくなかったようだ。ヒ素が致死量に達するまでには、このスープを778杯も食べなくてはならない計算になるからだ。

歴史上、特にむごたらしい殺害で世間を騒がせた犯罪といえば、イングランドの廷臣で著述家だったトマス・オーヴァーベリー卿の毒殺事件（1613年）だろう。オーヴァーベリー卿は、後援者ロバート・カーと、離婚争議中のエセックス伯爵夫人との結婚に反対したことで、ロンドン塔［テムズ川西堤防上の要塞。政治犯の牢獄・処刑場として用いられた］に送られた。それでもエセックス伯爵夫人の恨みは晴れず、オーヴァーベリー卿を獄死させようとしたらしい。まず彼のスープに何か毒を入れたものの、これは「不首尾に終わった」と噂されている。その後、別の毒の入った焼き菓子やゼリーが獄中に何度も届けられた。そしてついにオーヴァーベリー卿は苦しみもだえながら息を引きとったという。

◉媚薬となるスープ

古代から、媚薬になると考えられてきた物質は数知れない。そのなかには、玉ネギやトマト、ジャガイモなど、特にスープ向きの材料もある。

古代ギリシアでは、レンズマメが媚薬になると信じられていた。その理由は「おならが出やすくなるから」という、現代ではとうてい考えにくいものだった。もっとも、あの当時（血液が全身をめぐっているなどとは想像もつかなかった時代）は無理もないだろう。局部の勃起が血管の拡張作用によるものではなく、空気でふくらんでいると考えられていたからだ。

暗示にかかりやすい人が「男性器に関連するものには催淫性がある」と考え、その効果を無条件に信じこむことはめずらしくない。食べたものの性質が体に取りこまれるといった考え方からすれば、虎のペニスのスープや「スープ第5番」という控えめな名称のフィリピンのスープ（材料は牡牛のペニスと睾丸）には説明の必要もないだろう。これよりも少し抽象的だが、男性器の直立した姿や硬さ（もしくは両方）を思わせる食物が精力剤になるという考え方もあった。その結果、フカヒレスープやセロリ、サツマイモ、アスパラガスに催淫効果があると信じられるようになったのだ。

ルイ15世（1710～74）の公妾ポンパドゥール夫人（1721～64）は一時期、バニラと竜涎香《りゅうぜんこう》「マッコウクジラの腸管内に分泌されるコレステロール。香水の原料」で風味づけをしたチョコレートやトリュフのほか、セロリのスープを欠かさず食べていたという。それについて友人のブランカ公爵夫人に尋ねられたポンパドゥール夫人は、次のように打ち明けた。

陛下の御心をそそらなくなり、寵愛を失うかもしれないと思うと、不安でたまりません。あなたもご存じのとおり、殿方は、ある種の事柄にひどくこだわります。そしてわたくしは、不幸なことに、とても冷たい気質です。そこで、この欠点を直すため、熱性のものを食べることにしたのです。

●冷製スープ

冷製スープなど考えたくもないと言う人もいる。進取の気性に富んだイギリス人女性、マリア・イライザ・ランデル（1745〜1828）は著書『富める者と貧しい者のための家政と料理』（1827年）に、「皇帝アレクサンドル1世［1777〜1825。ロシア皇帝］がパリに赴いたときお供の者に作らせた」冷製スープのレシピを載せる一方、「イギリス料理の最も重い罪は、季節に合わせた料理を作らないことです」と書き記した。しかし、この主張が顧みられることはなかった。約70年後、イギリスのジャーナリストで美食家のジョージ・オーガスタス・サラ（1828

〜95）は、このように述べている。

とても暑い夏の時分、レディ・カンバミアが催したディナーは、冷たい料理ばかりであった。冷たい魚、冷たいアントレ［肉と魚のあいだの軽い料理］、冷たい肉、冷たい野菜、冷たいリムーブ［皿を下げたあとに出る次の料理］、そして冷たいデザートだ――しかしスープだけは温かかった。ロシア大使が出席するとわかっていた宴の前日、わたしはレディ・カンバミアに「ロシア式の」冷製スープ、すなわち、冷たい魚やキュウリ、氷で作ったポタージュを出すよう説得を尽くした。しかし彼女は長く口ごもったあと、わたしの提案を残念そうに拒んだ。残念ながら英国式偏見に凝り固まった時代遅れの人がいるから、とのことだ。

冷製スープの存在により、スープとサラダと飲みものの境界があいまいになっている。冷製スープは加熱してもしなくてもよい。塩味でも甘くてもよい。濃度も自由で、ゼリーにもできる。冷たい「ゼリー寄せ」スープは、この境界をいっそうあいまいにしている。そのうえ、デザートどころかアイスクリームそっくりのスープもある。『富める者と貧しい者のための家政と料理』に記載されたペルシアの冷製スープは、むしろ、しっかりと風味をつけた米のデンプン少量で「とろみをつけた」シャーベットであり、「ペルシアのテーブルに最初に出る料理……胃に大いなる満足を与える」

ものだという。

ロシアはまさに冷製スープの分野で際立っている。ささやかな例を挙げれば、「バトヴィニア」(魚の冷製スープ)や「オクローシカ」(ライ麦パンを醱酵させた飲みもの「クワス」で作ったスープ)のほか、ボルシチを冷たくしたようなスープもある。また、パンとアーモンドで作る「アホブランコ」(スペイン、アンダルシア地方)や、ヨーグルトとキュウリの「タラトール」(ブルガリア)も有名だ。これは実際、サラダとほとんど変わらない。スカンジナビアの果物のスープについては後ほど述べることとしよう。

スペインの「ガスパチョ」は世界で最も名の知れた冷製スープだろう。その語源は「ひたしたパン」を意味するアラビア語だと一般に考えられている。しかしスペイン王立言語学会によると、これは古代ギリシア語からアラビア語を経由してきた言葉で、本来はパンなどの供物や貨幣を入れる教会の献金箱のことだったらしい。やがてガスパチョは、さまざまな材料を細かくして深鉢に「盛り合わせた」ものを指すようになった。また、パンは絶対に入っていなくてはならないという。1772年、あるイギリスの文筆家はガスパチョを「パンくずと油、酢、ニンニク、その他の材料で作る貧しいスープの一種」と定義した。1801年の別の文献には「材料の入手が容易で、混ぜるのに技術もいらない」と記されている。そして1826年には「流動性のサラダ」という記述まで現れた。言い得て妙である。

ニューヨークのリッツ・カールトンホテルのフランス人料理長ルイ・ディア（1885〜1957）は、ジャガイモとポロネギを使った有名な冷製スープに「ヴィシソワーズ」と名づけたのは自分だと主張している。1917年、ホテルの屋上レストラン「ルーフ・ガーデン」のオープニング・ディナーのために考案したスープらしい。ディアの説明によれば、彼の母親はジャガイモとポロネギのスープを子供たちのために牛乳で冷ましていたそうだ。ディアはこれを元に冷製スープを作り、故郷に近い温泉保養地ヴィシーにちなんで「ヴィシソワーズ」と命名したという。

だが、このスープはディアの間違いから生まれたとする説もある。ディアは牛乳で割ったスープをふたたび加熱するつもりでいたが、それを忘れてしまった。失敗かと思いきや、意外にも画期的なスープになったので、得意げに店に出したとのことだ。こちらの説のほうがおもしろいのは言うまでもない。

●甘いスープ

甘いスープとデザートは紙一重だ。甘いスープのほとんどは、新鮮な果物もしくはドライフルーツで作る。さきほど述べたペルシアのスープのように冷たくして出すものもあれば、中東の肉入りスープのように熱いものもある。果物のスープと言えば、まず思い浮かぶのはスカンジナビア諸国だろう。たとえば、ノルウェーの「フルクトスッペ」にはタピオカが入っている。スウェーデンの「ブローバーソッパ」はコケモモで作る。東欧とバルト諸国にも、サワーチェリースープ（ハンガリー）をはじめとする果物のスープがある。

デザートに近いスープとして思い浮かぶものは、ふたつしかない。ひとつはチョコレートスープで、ホットチョコレートを濃くしたようなものだ。これは20世紀初頭に人気を博した病人食である。もうひとつは『イングランドとフランスの料理人』（1674年）に記載された絶品スープ「ラズベリーのポタージュ」だ。

卵6個分の卵黄をほぐし、1パイント［568ミリリットル］のラズベリージュースで割る。1ポトル［約2・3リットル］の牛乳を火にかける。沸騰したら卵黄とラズベリージュースを注ぎ、よく混ぜて、少量の塩で味つけをする。器に入れ、飾りのラズベリーを添える。

これはおいしそうだ。カスタード好きなら絶対に注文しなくてはいけない。そしてこれは、スープがまぎれもなく世界の料理を描くためのキャンバスだという証明にもなるだろう。

謝辞

本書の執筆はとても楽しかったが、すべての本の例にもれず、本書も多くの人の支援なくしては日の目を見なかったであろう。執筆にあたっては、ふたつのチームが支援してくれた。

まずは、実務面で支援してくれたチームから。無数の言葉をひとつの本に仕上げてくれた、リアクション・ブックスの皆さんにお礼を申し上げる。なかでも、『パイの歴史物語（お菓子の図書館）』に続いて2冊目の「図書館」シリーズの執筆機会を与えてくれたマイケル・リーマンに感謝したい。また、シリーズ・エディターのアンドルー・F・スミスからは、アメリカのスープについての情報と多くの助言をいただいた。芸術的センスのないわたしに忍耐を示し、挿絵や写真がらみの作業を手伝ってくれた図版エディターのハリー・ジロニスにも特に感謝する。

13世紀アンダルシアの筆者不明の料理写本を翻訳して一般に公開した料理史家チャールズ・ペリーと、トルコの乾燥スープについて教えてくれたフードライター・料理史家のアイリーン・オニー・タンにも感謝の意を表する。レシピを気前よく教えてくれたドロシー・スネルマンとパット・チャーチル、ボブ・ムロテク、ステファン・レナード博士にも感謝する。図版作業に協力してくれた義理の息子パトリック・ブライデンにも重ねて感謝したい。

そして、全行程で裏方となり、そっと応援してくれたサポートチームの皆さん、ありがとう。わたしの友人と家族全員に心の底から感謝する。誰のことだか各自おわかりだろう。スープをふるまうので家にお越し願いたい。

訳者あとがき

スープとは何か。多くの料理のなかで、スープはどのように位置づけられているのか。スープ、もしくはそれに類する料理は世界各地で昔から食べられてきた。にもかかわらず、あまりにも身近すぎて、スープの本質が見失われてしまっているきらいさえあるようだ。本書『スープの歴史』は、年代や地域によって大きく異なるスープの扱いについてもくわしく述べた一冊である。また、古今東西のスープを数多くの逸話とともに紹介している。

本書は『パンの歴史』や『お茶の歴史』『カレーの歴史』など、さまざまな料理や食材の歴史を紹介する人気シリーズ「『食』の図書館」の一冊である。原書（*Soup: A Global History*）の出版元であるReaktion Books社は、「『食』の図書館」ならびに「お菓子の図書館」シリーズ（どちらも原書房刊）の元となる食の文化史シリーズ（Edible Series）を数多く刊行している。原シリーズの書籍はいずれも、それぞれの飲食物を歴史と地理の両面から考察したものだ。巻末のレシピをもとに自分で料理することも可能なので、いろいろな楽しみ方ができる。原シリーズは二〇一〇年に、飲食物関連の優れた著作に与えられるアンドレ・シモン賞（André Simon Food and Drink Awards）の特別賞を受賞している。

著者のジャネット・クラークソン（Janet Clarkson）はオーストラリアのブリスベン出身・在住の医師で、クイーンズランド大学医学部で講師を務めるかたわら、食物史家として数多くの著作を手がけてきた。邦訳版が刊行されている著書としては、スープについて熱く語る本書のほかに『パイの歴史物語』（「お菓子の図書館」シリーズ）がある。「食べ物と食物史に情熱を燃やし、それについて書くことが大好き」とみずから語るクラークソンは、現在もなお個人ブログ The Old Foodie (http://www.theoldfoodie.com/) に数々のレシピや料理の逸話を掲載している。平日は毎日ブログを更新し、次々とレシピを追加しているのだから、食べることへの情熱のほどがうかがい知れよう。

クラークソンの食への興味は、オーストラリアやイギリスの料理にとどまらない。本書にも日本の味噌汁や吸いもの、鯉こくについての記述がある。また、西洋ではスープは基本的に「飲む」ものではなく「食べる」ものであること、そして「朝食には絶対に出ない」ものであることなど、日本人にとっては意外な事実が記されている。

巻末には、各地の伝統的なスープから現代の一流レストランのスープまで、多彩なレシピが添えられている。また、本文中に登場する数多くの歴史的なスープのなかから「宝石と金貨を煮込んだスープ」などを試してみるのも一興かもしれない。計量スプーンや計量カップの容積は国によって微妙に異なる（たとえば日本の大さじ一は十五ミリリットルであるのに対し、アメリカでは約十四・八ミリリットル、オーストラリアでは二〇ミリリットル）ものの、ケーキやパンを焼く場合とは違って、分量に多少の誤差があってもさほど重大な影響は出ないと思われる。自分の舌と相談し、味見をしながら気軽に本書のレシピを試してみてほしい。

世界のスープをどうぞ召し上がれ！

富永佐知子

二〇一四年六月

写真ならびに図版への謝辞

著者と出版社より、図版の提供と掲載を許可してくれた関係者にお礼を申し上げる。キャプションでは収蔵場所を示さなかった作品についても、以下に記した。

Collection of the author: p. 103; from Lewis Carol, *Alice's Adventures in Wonderland* (London, 1866): p. 151; from Charles Carter, *The London and Contry Cook: or, Accomplished housewife, containing practical directions and the best receipts in all the branches of cookery and housekeeping…* (London, 1749): p. 38; photo © Chua Kok Beng Marcus/Shutterstock.com: p. 138; photos Pat Churchill: pp. 18, 116; Cleveland Museum of Art: p. 148; from John Derrick, *The Image of Irelande, with a discouerie of Woodkarne, wherin is moste liuely expressed, the Nature, and qualitie of the saied wilde Irishe Woodkarne…* (London, 1581): p. 26; photo courtesy Edinburgh University Library: P. 23; photo Barbara Harris: p. 124; photo ivylingpy/Shutterstock.com: p. 155; photo © Kheng Guan Toh/Shutterstock.com: p. 139; from *Kuchenmaisterey* (Passau, 1485): p. 22; Library of Congress, Washington, DC: pp. 65, 72, 73, 80, 83, 87, 95, 122上, 122下, 127; Metropolitan Museum of Art, New York: p. 35; Musée du Louvre, Paris: p. 64; reproduced courtesy of NASA: p. 101; National Library of Medicine, Bethesda, Maryland: pp. 13, 49, 70; photo Trevor Newman: p. 133; Österreichische Nationalbibliothek, Vienna: pp. 46上, 46下; private collections: pp. 16, 43; courtesy Liam Quinn: p. 111; photos Roger-Viollet/Rex Features: pp. 30, 97, 99, 108, 136-137, 149; photo © Elzbieta Sekowska/Shutterstock.com: p. 119; photo Sipa Press/Rex Features: p. 106; from John Thacker, *The Art of Cookery. Containing above Six Hundred and Fifty of the most approv'd receipts heretofore published…* (Newcastle upon Tyne, 1758): P. 14.

参考文献

Davidson, Alan, *The Oxford Companion to Food* (Oxford and New York, 1999)
Drummond, J. J. and Anne Wilbraham, *The Englishman's Food* (London, 1958)
Fernandez-Armesto, Felipe, *Food: A History* (London, 2001)
Flandrin, Jean-Louis and Massimo Montanari, *Food: A Culinary History*, trans. Albert Sonnenfeld (New York, 1999)
Green, Olive, *One Thousand Simple Soups* (New York, 1907)
Heiatt, Constance B., *An Ordinance of Pottage* (London, 1988)
Hooker, Richard J., *The Book of Chowder* (Boston, 1978)
ケネス・F・キプル『ケンブリッジ世界の食物史大百科事典1——祖先の食・世界の食』石毛直道監訳，朝倉書店，2005年
ケネス・F・キプル『ケンブリッジ世界の食物史大百科事典2——主要食物：栽培植物と飼養動物』三輪睿太郎監訳，朝倉書店，2004年
ジョエル・ロビュション他『新ラルース料理大辞典』辻調理専門学校／辻静雄料理研究所訳，同朋舎メディアプラン，2007年
Schwabe, Calvin W., *Unmentionable Cuisine* (Virginia, 1979)
スー・シェパード『保存食品開発物語』赤根洋子訳，文春文庫，2001年
Smith, Andrew E., *Souper Tomatoes: The Story of America's Favorite Food* (New Brunswick, 2000)
Smith, Henry, *The Master Book of Soups, featuring 1,001 titles and recipes* (London, 1949)
Solley, Patricia, *An Exaltation of Soups: The Soul-Satisfying Story of Soup, As Told in More than 100 Recipes* (New York, 2004)
Toussaint-Samat, Maguelonne, *History of Food*, trans. Anthea Bell (Oxford, 2000)

レシピ集

歴史上のレシピ

◉ボルシチ

ボルシチは国民的な料理で，調理手順も興味深い。あるロシア紳士著，*On the Manners and Customs of the Ukrainians in Letters from the Ukraine*（1807年）

1. ある程度の分量の肉を「シロヴェツ」（パンを何日か水にひたし，酸っぱくなるまで置いたもの）で煮る。
2. 季節の野菜を加える。春はイラクサかスイバの若葉，夏はビーツの根か芽キャベツ，秋はキャベツ，冬はビーツの根など。
3. 少量のキビか小麦粉を加えて煮込み，好みに応じてサワークリームもしくは生クリームを混ぜる。
4. パンを小さく切り，オーブンであらかじめ乾燥させたものと一緒に食卓に運ぶ。

◉オニオングラタンスープ

Victor Hirtzler, *The Hotel St Francis Cook Book*（1919年）

1. 玉ネギ3個をごく薄くスライスして，あめ色になるまでバターで炒める。
2. ブイヨンもしくはコンソメ1カップを加え，何分か煮る。
3. 薄く切ったフランスパンをトーストしておく。
4. 陶器の鍋もしくは耐熱皿に2を入れ，トーストを上にのせる。
5. おろしたパルメザンチーズ½カップをパンの上にかけ，高温のオーブンでチーズが茶色になるまで焼く。好みにより調味料を加える。

◉ロブスター・ビスク（オマール海老のビスク）

ビスクとは甲殻類のクリーミーなスープのこと。Sara Van Buren, *Good-living: A Practical Cookery Book for Town and Country*（1890年）

子牛のスープストック…約2.8リットル
バター…約60g
小麦粉…大さじ山盛り2
塩，コショウ
生クリーム…1カップ
ゆでたロブスターとその卵…1尾分
油…大さじ1
酢…大さじ3

1. バターを鍋に入れて火にかけ，溶けたら小麦粉を振り入れる。こがさないように混ぜながら加熱する。
2. 生クリームを少しずつ加えた後に，

スープストックを約470ml加える。だまにならないよう混ぜ続ける。さらに残りのスープストックを加える。
3. ロブスターの卵をあらかじめオーブンで乾燥させ，すり鉢で細かくすったものを2に加える。
4. ロブスターの身を角切りにし，油と酢，コショウ，塩であえて3時間置いたものをスープに加え，完全に火を通す。できあがったビスクは淡いピンク色で，クリームのとろみがついていなくてはならない。クルトンを添えて食卓に運ぶ。

………………………………………………

◉皇帝アレクサンドル1世がパリに赴いたとき使用人に作らせたロシアふう冷製スープ

ある婦人［Maria Eliza Rundell］著，*Domestic economy, and cookery, for rich and poor*（1827年）

1. ホウレンソウ1束をきれいに洗い，細かくきざむ。キュウリ1本をごく細かい角切りにする。小玉ネギ20個をごく薄くスライスする。フェンネルの葉少々，粉末オールスパイスと塩も用意しておく。
2. すべての材料をロシアの酒2瓶（一方はホワイトレモネードに似ていて，ミントの風味がある。もう一方は赤くて苦く，薬のような味がする）とよく混ぜて冷やす。

………………………………………………

◉子牛の頭で作る偽ウミガメスープ

Mary Randolph, *The Virginia Housewife, or, Methodical Cook*（1838年）

1. 小牛の頭をまるごときれいに洗う。皮ははがさない。
2. 頭を額から割り，舌を取りだす（舌は塩漬けにするとよい）。
3. 水3.8リットルとハムもしくは良質の豚肉1切れ，玉ネギ4～5個，タイム，パセリ，クローブ，ナツメグ，コショウ，塩を頭の上から注ぎ，全部一緒に煮込む。
4. 頭の肉が柔らかくなったら，鍋から取りだして細かく切り分ける。目は慎重に取りだす。
5. 煮汁を濾し，ワイン約240mlとマッシュルーム・ケチャップ140mlを加える。およそ2リットルほどに減るまで，ゆっくり煮込む。
6. 茶色にローストした小麦粉スプーン2杯とバター約110gを混ぜる。これで煮汁にとろみをつけ，取りだしておいた肉と目を入れ，しばらく煮込んで食卓に運ぶ。目は実に美味である。

………………………………………………

◉マルガトーニ・スープ

Isabella Beeton, *Book of Household Management*（1861年）

カレー粉…大さじ2
玉ネギ…6個

ニンニク…1片
アーモンドパウダー…約30g
レモンのピクルスもしくはマンゴージュース（味つけ用として）…少量
鶏またはウサギ…1羽
脂身の少ないベーコン…４枚
中級のスープストック…約2.3リットル。特においしくしたければ最高級のスープストックを使う。

1. 玉ネギをスライスして色づくまで炒める。
2. 鍋にベーコンを敷く。
3. ウサギまたは鶏を関節で切り分け，薄茶色に色づくまで炒める。
4. 炒めた玉ネギとニンニク，スープストックを入れ，肉が柔らかくなるまで弱火で煮る。途中で，あくをていねいにすくう。
5. 柔らかくしたバターにカレー粉を振り入れておき，肉が柔らかくなったらスープに加える。あらかじめ少量のスープストックで溶いておいたアーモンドパウダーも加える。
6. 調味料とレモンのピクルスもしくはマンゴージュースで味をととのえ，炊いた米とともに食べる。

………………………………………

◉素朴なガンボ（オクラのスープ）

Lafcadio Hearn, *La Cuisine Creole*（1885年）

1. 牛肉約450gと牛のムネ肉約230gを2.5センチ角に切る。
2. オクラ36本と玉ネギ1個，赤ピーマン1個をスライスして1に加え，一緒に炒める。
3. 色づいてきたら水約1.9リットルを注ぎ入れる。水分が足りなくなったら水をさらに加える。米とともに食べるのが一般的。

………………………………………

◉フィラデルフィア・ペッパーポット

Fanny Lemira Gillette, *White House Cook Book*（1887年）

1. トライプ［牛の第1胃と第２胃］約900gと牛の足４本をスープ鍋に入れ，かぶるくらいに水を入れて，柔らかくなるまで煮込む。
2. 肉を取りだして煮汁を濾し，かき混ぜる。細かく切ったトライプを煮汁に戻す。煮汁が足りなければ熱湯を足す。
3. スイート・マジョラムとスイート・バジル，タイムを小さじ½ずつ加える。玉ネギ２個とジャガイモ２個を薄切りにして入れ，塩を加える。
4. 野菜が柔らかくなるまで煮たら，バター1切れに小麦粉をまぶしたものを加える。エッグボール［固ゆで卵をつぶし，生卵と練って団子状に丸めたもの］をいくつか入れ，15分以上煮込む。熱いうちに食卓に出すこと。

………………………………………

◉アヒルの中華スープ

Shiu Wong Chan, *The Chinese Cook Book*

(1917年)

中サイズのアヒル(骨なし)…1羽
シイタケ…1½カップ
タケノコ…2カップ
セロリ…4カップ
油…小さじ2
ゴマ油…少々
しょうゆ…小さじ1

1. すべてを角切りにする。
2. 鍋を30秒熱し,油を入れてなじませる。
3. シイタケとタケノコとセロリと塩を入れる。つねに返しながら5分ほど炒める。
4. 上湯スープ[シャンタン・スープ。特に高級とされる澄んだスープ]を加えてゆっくりと煮込む。
5. アヒル(角切りにしたもの)と油,ゴマ油,しょうゆ,コーンスターチを混ぜておく。
6. 上湯スープで野菜を30分煮込んだあと,下味をつけたアヒルを加える。さらに30分ほどゆっくりと煮込む。角切りにした中華ハムを付け合わせとして添える。

◉ピーナッツスープ第4番

George Washington Carver, *How to Grow the Peanut and 105 Ways of Preparing it for Human Consumption*(1925年6月)

1. きざんだセロリ½カップ,きざんだ玉ネギ大さじ1,きざんだ赤ピーマンと緑ピーマンを大さじ1ずつ鍋に入れ,水½カップを加えて10分煮込む。
2. ピーナッツバター1カップを加える。濃い牛乳3カップで小麦粉大さじ1を溶き,鍋に入れる。砂糖小さじ1を加え,2分煮て食卓に出す。

◉トマトスープケーキ

これは1950年代のアメリカで人気を博したレシピだ。市販のスープが別の料理(この場合はケーキ)の材料となる好例。1935年8月25日付チャールストンガゼット紙。

どういうわけか「トマトスープケーキ」のリクエストが殺到していると,全国の編集者が報告してきた。食べたことのない人は妙なケーキだと思われるかもしれないが,ぜひ試してみてほしい。人気があるのも当然と納得していただけるだろう!

1. バター1カップと砂糖1カップをよくかき混ぜて,なめらかなクリーム状にする。卵1個を溶いたものを加えてよく混ぜる。
2. トマトスープ1缶に重曹小さじ1を溶かす。
3. ふるった小麦粉1¾カップにクローブ小さじ2とシナモン小さじ1,ナツメグ小さじ½,塩小さじ1を混ぜておく。
4. 1に2のスープと3の粉類を交互に加えて混ぜる。よく混ざったら,殺菌

ずみデーツ［ナツメヤシの実］のスライス1カップときざんだクルミ1カップを混ぜる。
5. 浅いケーキ型の内側に油を塗り，粉を振っておく。ここにケーキ生地を入れ，中温（およそ180℃）のオーブンで焼く。冷めてからクリームチーズのアイシング［糖衣］で飾る。

現代のレシピ

◉おばあちゃんのチキンスープ

シチュー用もしくはロースト用の鶏肉…1羽（5～6ポンド［2.2～2.7*kg*］）
鶏手羽先…1*kg*
玉ネギ…大3個
サツマイモ…大1本
パースニップ*…3本
カブ…2個
ニンジン…大11～12本
セロリの茎…5～6本
パセリ…1束
塩，コショウ…適量
* ニンジンに似た根菜。色は白。

1. 鶏をよく洗って大鍋に入れ，かぶるくらいの水を入れて火にかける。
2. 沸騰したら，鶏手羽と玉ネギ，サツマイモ，パースニップ，カブ，ニンジンを加え，1時間半煮込む。表面に浮いた脂は適宜取り除く。
3. パセリとセロリを加え，45分以上煮込む。
4. 鶏を取りだす。この鶏はもうスープには使わない（取りだした肉は「チキン・パルメザン」を作るときに使うとよい）。野菜はフードプロセッサーにかけて細かくするか，裏ごしする。塩とコショウで味つけをする（注意：このスープは冷凍保存に向いている）。マッツァーミール［ユダヤ教徒が過ぎ越しの祭で食べるクラッカー「マッツァー」を粉状に砕いたもの］の箱の裏に記載されたレシピに従い，マッツァー・ボールを作って添える。

………………………………………

◉ポソレ

メキシコ，グアナフアト州イラプアトのボブ・ムロテクとセニョーラ・マリア・デル・カルメン・エルナンデス・バルタサール・デ・バルガスのレシピ

【おもな材料】
マイス・ブランコ（白トウモロコシ）*…1*kg*
消石灰（水酸化カルシウム）**…大さじ3
乾燥チレ・アンチョと乾燥チレ・グァヒージョ***…各大4個
白玉ネギ…中1個
ニンニク…小1玉
ニンニク…大1片もしくは中2片
塩…適宜
豚の頭（伝統的な作り方）…半分——または豚のすねの骨を2本，髄が露出するよう精肉店で切ってもらうとよい。

豚の背骨…1 kg

肉のついた豚のすねの骨…1 kg――2.5センチ幅の輪切りになったものを買う。輪切りにした豚のすねの骨が精肉店になければ，豚の肩肉で代用してもよい。その場合は豚の背骨を多めに入れること。

* カカワシントレともいう。メキシコで栽培されているトウモロコシで，粒が非常に大きくて白い。マイス・ポソレロという名称で広く知られている。

** メキシコでは「カル」と呼ばれ，スーパーや市場で買える。トウモロコシの果皮をアルカリ分解する際に用いられる。果皮を取り除き，パック詰めにされたマイス・ポソレロを使ってもよい。これには，尖帽［せんぼう。粒の根元と軸をつなぐ固い部分］がついたままのものと，取り除いたものの2種類がある。どちらを使ってもよいが，尖帽を取り除いたもののほうが上等なポソレになる。挽き割りトウモロコシの缶詰も使えるが，伝統的な方法で乾燥トウモロコシを自分で挽き割りにするか，アルカリ分解処理ずみのマイス・ポソレロを買うほうがよい。

*** チレ・アンチョもチレ・グァヒージョもトウガラシの一種。

【付け合わせ用の材料】

きざんだ白玉ネギ…2個分

きざんだレタス…1/4個分

薄切りラディッシュ…1束分

オレガノ…少量

ライム（ふたつ割りにしたもの）…数個分

トウモロコシのトスターダ*…たくさん

からみを増すためのホットチレソース（からいポソレが好きな人向け）と，トスターダ用に好みのメキシカンサルサソースも用意しておくこと。

* トウモロコシ粉でつくった薄焼きパンを揚げたもの。

【挽き割りトウモロコシの下準備（アルカリ分解処理）】

1. 2.8リットルほどの水を非腐食性の大きなステンレスボウルかホーロー鍋に入れる。鍋を強火にかけ，消石灰（カル）を加えて溶けるまで混ぜる。
2. 消石灰水にトウモロコシを入れ，ゆっくり混ぜる。浮いてきた粒を穴杓子ですくいとる。沸騰したら弱火にして12～15分煮る。
3. 鍋を火から下ろし，トウモロコシを湯につけたまま1時間ほど置く。
4. トウモロコシをザルにあけ，流水でよくすすぐ。指の腹でトウモロコシをこすり，外皮を取り除く。粒の付け根以外すべて真っ白になるまで水洗いを続ける。消石灰（カル）は徹底的に洗い流さないと味が悪くなる。
5. トウモロコシをよく水切りする。きれいに下ごしらえのすんだトウモロコシのことを「ニクスタマル」もしくは「ニクスタマラード」という。粒の付け根には，こげ茶色の小さな胚芽の先端（尖帽）が残っている。ポソレのトウモロコシをポップコーンのように「花を開かせ」たければ，この部分を

鋭い小型ナイフで取り除かなくてはならない。この作業は任意であり，ポソレの風味には影響しない。見ばえがよくなるだけだ。

【チリの下準備】

1. チレ・アンチョとチレ・アヒージョをコマール（陶製の焼き板）の上で約1分間，柔らかくなるまで炒る。焦がさないよう，一度に少しずつ炒ること。
2. アンチョの柄と種子とワタを取り除き，熱湯に20～30分ひたしておく。
3. アンチョの水気を切り，水½カップと玉ネギ½個，ニンニク大1片もしくは中2片を加えてミキサーでなめらかにする。
4. 中くらいの目の裏ごし器にかけ，できあがったチレのピューレを取っておく。

※チレは，炒る代わりにゆでてもよい。柄とワタと種子を取り除いたあとは，炒った場合と同じ手順に従うこと。

【肉の下準備】

1. 肉と骨を大鍋に入れ，かぶるくらいの水を入れる。それから塩少々（小さじ1～2程度。入れすぎないこと）と玉ネギ½個，ニンニク1玉を加える。
2. 鍋を火にかけ，沸騰したら弱火にして，蓋をせず1時間ほど煮込む。その後は鍋を火から下ろしてよい。浮いた脂はすくいとる。

【ポソレの仕上げ】

1. 肉の鍋にニクスタマル（挽き割りトウモロコシ）とチレのピューレを加え，蓋をして（骨は入れたまま）弱火で2～3時間煮込む。煮込み時間は長ければ長いほどよい。
2. 煮上がったらポソレを皿によそう。鍋底までかきまわして骨に残った肉片をこそげながら，全部すくいとることを忘れてはいけない。ポソレは汁気の多いシチューのようなものだ。きざんだレタスや玉ネギ，ラディッシュの薄切り，オレガノ少々を添えて食卓に出す。ライムをしぼってかけ，好みでホットソースを加える。トウモロコシのトスターダとサルサも一緒に出すこと。ブエン・プロベッチョ（どうぞ召し上がれ）！

◉オランダのエンドウマメスープ

オーストラリア，ブリスベーンのドロシー・スネルマンのレシピ（彼女の義理の母のレシピ）。

豚のすね肉の燻製…1本
ポロネギ…1束
乾燥エンドウマメ（挽き割りでないもの，いわゆる「ブルー・ボイラー・ピー」）…500g
ダッチ・スモークソーセージ（オランダ語でロークウォルスト）…あれば加える。

1. 乾燥エンドウマメを大きな鍋に入れ，水に一晩つけておいたものを，よくす

すぐ。
2. ポロネギを2センチ幅に切る。
3. マメとポロネギとすね肉を数時間煮込む。マメが柔らかくなり，肉が骨からはずれるようになるまで煮込むこと。肉を骨からはがし，脂と骨を取り除き，肉を鍋に戻す。
4. ソーセージを薄切りにしてスープに添え，熱いうちに食卓へ。エエツ・マーカルック（どうぞ召し上がれ）！

……………………………………………

◉上院議事堂レストランのマメスープ

米国上院議事堂レストランのレシピ www.senate.gov/reference/reference_item/bean_soup.htm

乾燥白インゲンマメ…約900g
熱湯…約3.8リットル
すね肉のハムの燻製…680g
きざんだ玉ネギ…1個分
バター…大さじ2
塩，コショウ…1．適宜

1. 白インゲンマメを洗い，白っぽくなるまで熱湯［分量外］をかける。マメを鍋に入れ，熱湯を入れる。
2. ハムを加え，蓋をして，ときどき混ぜながら3時間ほど弱火で煮込む。
3. ハムを取りだして冷ます。ハムを角切りにして，スープに戻す。
4. 玉ネギをバターで薄茶色になるまで炒め，スープに加える。一度沸騰させ，塩とコショウで味をととのえてできあがり。8人分のスープになる。

……………………………………………

◉ルイユ添えブイヤベース

ニュージーランドとオーストラリアの新聞コラムニスト兼フードライターのパット・チャーチルによるレシピ。

【ブイヤベース（4人分）】
玉ネギ…2個
フェンネルの鱗茎…1個
ニンニク…4片
オリーブ油…大さじ4
きざんだトマト…1缶
生のトマト，種を取って4つ割りにしたもの…4個分
サフラン…たっぷり
トマトペースト…大さじ2
スープストック（魚かチキン）…1リットル
オレンジピールもしくはレモンピール…少々
身のしっかりした魚の切り身…1kg
上質なシーフードミックスもしくは殻と背ワタを取り除いた海老…250g
よく洗ってひげを取り除いたムール貝…1kg
きざみパセリ
パン（フランスパン，トルコのパンもしくはチャバタ［オリーブ油を用いたイタリアのパン］）

1. 玉ネギとフェンネルを粗くきざみ，ニンニクをつぶす。
2. オリーブ油を熱し，1を鍋に入れて弱火で8分間炒める。

3. 生および缶詰のトマト，トマトペースト，スープストック，サフラン，ピールを加える。沸騰させ，弱火にして15分煮込む。
4. 玉杓子1杯分のスープをルイユ用に取り分けておく。この段階まで下準備のすんだスープを保存しておき，あとで仕上げてもよい。
5. 新鮮な海老もしくはシーフードミックスとムール貝を加える。蓋をして，ムール貝が開くまで弱火で煮込む。開かなかった貝は取り除く。
6. 器によそい，焼いたパンと一緒に食卓へ。別皿に入れたルイユを添えて出すこと。

【ルイユ】
チリペースト…小さじ2
ニンニク…大3片
粒の粗い塩…小さじ1
固い部分を取り除いた白パン…4切れ
スープ…玉杓子1杯分
パプリカ…小さじ1
良質のマスタード…大さじ1
卵黄…2個
オリーブ油…½カップ
レモン汁…大さじ1～2（好みで）

1. チリペーストと皮をむいたニンニク，塩をすり鉢でする。パンをちぎってスープにひたし，フォークでつぶす。
2. 1とマスタード，パプリカを小型フードプロセッサーに数秒かける。卵黄を加え，なめらかになるまでフードプロセッサーで混ぜる。まだモーターが動いているうちに，オリーブオイルを糸のように少しずつたらし，全体がもったりとするまで混ぜる。好みでレモン汁を加え，軽く混ぜて器に移す。

◉クレソンのスープとダンパー

ニュージーランドとオーストラリアの新聞コラムニスト兼フードライターのパット・チャーチルによるレシピ。

【クレソンのスープ】
ポロネギの先端の柔らかい緑色の部分，よく洗って薄い輪切りにしたもの…1本分
オリーブ油…大さじ1
バター…大さじ1
クレソン，洗って水気を切ったもの…大1束
ジャガイモ，皮をむいて角切りにしたもの…大3個分
風味のよいチキンスープストックもしくは野菜スープストック…2リットル
生クリーム…200*ml*
調味料…適宜

1. 油とバターを熱し，ポロネギを中火で5分炒める。
2. 飾り用にクレソンを数本取り分けておく。残りのクレソンの茎を分け，細かくきざむ（あとでミキサーにかけやすくするため）。葉は粗くきざむ。
3. ポロネギが柔らかくなったらクレソ

ンを加え，しんなりするまで何分か加熱する。角切りにしたジャガイモを加えてよく混ぜ，スープストックを注ぎ入れる。いったん沸騰させてから火を弱め，蓋をして，ジャガイモが柔らかくなるまで弱火で煮込む。
4. 3をミキサーか裏ごし器にかけ，生クリームを加えてふたたび加熱する。必要に応じて調味料で味をととのえる。
5. 少量の生クリームとクレソンの葉を添える。

【ダンパー】
薄力粉…2½カップ
ベーキングパウダー…小さじ2½
バター…80g
牛乳…約1カップ

1. オーブンを200℃に余熱しておく。
2. 薄力粉とベーキングパウダーを大きなボウルにふるい入れ，バターを加えてなじむまですり混ぜる。
3. 中央にくぼみを作り，スコーン生地くらいの柔らかさになるよう，加減しながら牛乳を加える。
4. しばらくこねた生地を直径20センチの円形にのばす。鋭いナイフで生地に浅い切れ込みを8等分に入れる。
5. 天板にクッキングシートを敷き，生地を置いて，黄金色になるまで30分ほど焼く。底を叩いたとき，空洞になっている音がすれば完成。

ジャネット・クラークソン（Janet Clarkson）
食物史家。医師。オーストラリア／クイーンズランド大学医学部講師。『お菓子の図書館　パイの歴史物語』（邦訳：竹田円訳，原書房）他，食物史に関する数冊の著書あり。

富永佐知子（とみなが・さちこ）
福岡県生まれ。東京芸術大学音楽学部楽理科卒業。英語翻訳家として，書籍やDVD・テレビ番組関連などの翻訳を手がける。訳書に『ルネサンスを生きた人々』（ポール・ジョンソン著，ランダムハウス講談社），『新版マーフィー　世界一かんたんな自己実現法』（ジョセフ・マーフィー著，きこ書房）などがある。

Soup: A Global History by Janet Clarkson
was first published by Reaktion Books in the Edible Series, London, UK, 2010

「食《しよく》」の図書館《としよかん》

スープの歴史《れきし》

●

2014 年 *7* 月 *26* 日　第 *1* 刷

著者……………ジャネット・クラークソン
訳者……………富永《とみなが》佐知子《さちこ》
翻訳協力……………株式会社リベル
装幀……………佐々木正見
発行者……………成瀬雅人
発行所……………株式会社原書房

〒 160-0022 東京都新宿区新宿 1-25-13
電話・代表 03(3354)0685
振替・00150-6-151594
http://www.harashobo.co.jp

本文組版……………有限会社一企画
印刷……………シナノ印刷株式会社
製本……………東京美術紙工協業組合

ISBN 978-4-562-05069-7, Printed in Japan

《「食」の図書館》

パンの歴史

ウィリアム・ルーベル
堤理華訳

ふんわり／ずっしり。丸い／四角い／平たい。変幻自在のパンには、よりよい食と暮らしを追い求めてきた人類の歴史がつまっている。多くのカラー図版で読み解く、人とパンの6千年の物語。世界中のパンで作るレシピ付。　2000円

（価格は税別）

《「食」の図書館》

カレーの歴史

コリーン・テイラー・セン
竹田円訳

「グローバル」という形容詞がふさわしいカレー。インド、イギリスはもちろん、ヨーロッパ、南北アメリカ、アフリカ、アジアそして日本など、世界中のカレーの歴史について多くのカラー図版とともに楽しく読み解く。レシピ付。

２０００円

（価格は税別）

《「食」の図書館》

キノコの歴史

シンシア・D・バーテルセン
関根光宏訳

「神の食べもの」と呼ばれる一方「悪魔の食べもの」とも言われてきたキノコ。キノコ自体の平易な解説はもちろん、採集・食べ方・保存、毒殺と中毒、宗教と幻覚、現代のキノコ産業についてまで述べた、キノコと人間の文化の歴史。

２０００円

（価格は税別）

《「食」の図書館》

ミルクの歴史

ハンナ・ヴェルテン
堤理華訳

白くて甘い苦労人——。おいしいミルクには実は波瀾万丈の歴史があった。古代の搾乳法から美と健康の妙薬と珍重された時代、危険な「毒」と化したミルク産業誕生期の負の歴史、今日の隆盛まで、人間とミルクの営みをグローバルに描く。

２０００円

（価格は税別）

《「食」の図書館》

ジャガイモの歴史

アンドルー・F・スミス
竹田円訳

南米原産のぶこつな食べものは、ヨーロッパの戦争や飢饉、アメリカ建国にも重要な影響を与えていた！ 波乱に満ちたジャガイモの歴史を豊富な写真と共に探検する。ポテトチップス誕生秘話などの楽しいエピソードも満載。レシピ付。

2000円